本书为教育部人文社会科学重点研究基地重大项目
《新的全球治理：全球治理的理论与实践在欧洲的演变及其趋势》
（项目批准号：11JJ810013）研究成果的一部分

全球治理的中国角色

庞中英／著

China's Role in Global Governance

人民出版社

目　录

自序:中国在全球治理中的基本角色

中国与全球治理之间的关系是一个根本问题。这一问题可以通过对1945年以来中国在全球治理机构的历史、现在中国与全球治理机构之间的关系、中国在全球治理中的领导机构(诸如联合国安理会和G20等)中的作用,以及中国对未来全球治理的责任与贡献等方面来定义和说明。

继续深化与现存全球治理体系的关系

中国已经是现存全球治理体系的一部分,而且是最重要的成员。以中国与IMF的关系为例。

第一,1944年和1945年,中国是IMF的创始国,这如同中国是联合国的创始国一样。

第二,自2008年以来,中国参与了G20集团关于IMF等改革的2010年方案。到2016年中国举办G20杭州峰会为止,这一改革方案得到基本的落实。必须看到,在该方案提出的时候中国就已成为世界第二大经济体,但根据这一改革方案,中国在IMF中的地位仍然落后于日本,仅为第三大股东国。如果IMF在可以预见的未来不进行新的改革,以反映世界经济结构变化了的现实,即使中国接近世界第一大经济体,中国在IMF的决策权也将在比较长的时期屈居日本之后。

第三,继2002年中国加入IMF的数据公布通用标准(GDDS)之后,中国采纳IMF数据公布特殊标准(SDDS)。这一采纳标志着中国的经济数据透明度提高、国际可比性上升。在2014年G20布里斯班峰会上,中国国家主席习近平宣布了中国这一决定,IMF总裁克里斯蒂娜·拉加德女士发表声明:"我对中国接受SDDS的意向表示欢迎,这将极大地促进及时和全面的经济与金融数据的提供。中国致力于改善统计数据的发布,我对此表示赞赏,并注意到近年来取得的进展。中国计划从数据公布通用系统(GDDS)提升到SDDS,是这一进程中的下一个重要步骤。”2015 年 6 月,中国的宏观数据公布标准正式调整为数据公布特殊标准(SDDS)。

第四,在 2016 年 10 月,中国正式加入 IMF 设立于 1969 年的“特别提款权”(SDRs),这为人民币成为与美元、欧元等作为国际储备货币并驾齐驱的国际货币奠定了新的基础,预示着 21 世纪新的国际货币秩序比人们预想的来得更早。

从形式上讲,中国已经加入了全部现存的国际(经济、金融)组织(国际制度),但从内容上看,中国仍然需要深化与现有国际制度之间的关系。从 20 世纪 70 年代末期以来的将近 40 年,中国外交政策的一个重要内容是加入现存的国际制度体系。中国现任领导人在许多国际场合不断重申,中国对外开放的基本政策不会倒退,反而将继续并深入。中国目前仍然在致力于实现与现存国际制度的一体化,并争取在现存国际制度中发挥更大的作用。

现存全球治理体系的主要改革者

从 2009 年 G20 在美国匹兹堡举行峰会以来,到 2016 年中国轮值G20主席国，举办G20杭州峰会，中国在现行全球治理体系中的改革者的角色越来越清晰、越来越坚定。

然而，中国主张的加强全球治理，不是指维持旧的全球治理体系和世界经济秩序，而是指中国面对目前全球性机构，尤其是国际金融机构问题丛生、在全球治理中不适应21世纪的全球治理的要求的现实挑战，要求国际社会改革全球治理，重建世界经济秩序。从2010年到现在，中国改革全球治理可以分为两个阶段：

第一，中国意识到改革旧的全球治理是说易行难，为此必须发挥中国在全球治理体系中的中坚、中间作用。从中共十八大的政治报告到中国国家主席习近平2015年9月在联合国成立七十周年时的讲话，从中共中央政治局第27次集体学习什么是全球治理、为什么全球治理和如何全球治理到中国国家主席习近平在G20杭州峰会上的讲话，我们看到了中国的全球治理政策正在成为中国整体外交政策中的最重要组成部分，中国正在开展有声有色的全球治理外交。

第二，当发现改革现存的全球治理体系困难重重，如同其他国家，中国也选择了另一种改革路径，发起成立一些新的国际金融机构,如亚投行,来对现有的国际制度,如世界银行进行建设性补充。亚投行等的成立,正在推动世界银行的改革。亚投行的出现加强了中国作为全球治理主要改革者的地位。加入亚投行的欧盟诸国都支持全球治理的改革。加入亚投行在某种程度上变成了对全球治理改革的“投票”。加入亚投行的都是主张改革全球治理的。

展望未来,已经成为全球治理改革者的中国,并没有退路。中国唯有继续扮演改革者的角色,同时在旧的和新的国际组织内处理好复杂的全球治理改革的政治,方能争取全球治理改革的实质进展。

全球治理进程的主要协调者

人们也许还未充分认识到 G20 对全球治理的长期的极其重要性。

G20 涉及多少“非经济”(金融)的东西,都一直以全球经济治理为主。G20 代表了世界最主要的国际政治势力的集体特别安排(行动)。美国、欧盟和西方七国集团(G7)代表的所谓“既得力量”(established powers)和金砖国家的中国、巴西、印度等代表的“新兴力量”(emerging powers),通过G20框架并存。G7和BRICS结合为G20。这使得G20可以看作是新的世界经济秩序。明显的,这不是G7代表的“西方的自由秩序”(western liberal order),也不是金砖代表的世界主要发展中国家之间的新型国际经济合作。这是一种尚未得到很好研究的、我称其为正在浮现的混合性的世界经济秩序(mixed world economic order),是难得的走向新的全球治理和新的世界秩序的机会。混合秩序远比无序或者全球治理赤字增加要好。G20是两次金融危机(1999年G20的成立是为了回应亚洲金融危机,而2008年G20上升为政治领袖的峰会则是为了回应以美国和欧洲为中心的国际金融危机)的产物。仅仅在这个意义上,国际金融危机的坏事也成了转机,为未来的全球治理和世界秩序提供了G20这样一个相对理想的框架,尽管其国际正当性(international legitimacy)一直存在着这样或那样的不足,尤其是,联合国体系中的相当一部分成员国并没有参与G20进程。

从理论上看,这类框架之所以相对理想,不是因为别的,而是因为它是21世纪的全球协调(concert of powers)。目前“全球化”、“国际权力转移”和世界政治“多极化”的趋势在曲折中继续发展,更加相互联系的世界迫切需要全球协调。但是,旧的大国协调机构,从联合国安理会(P5s)到G7,并不能满足21世纪的全球治理的要求。而G20、关于朝鲜半岛核问题的六方会谈架构(尽管从2007年以来一直处于停顿中)、“联合国五常加上德国”(解决伊朗核问题的框架)等,相对来说是比较理想(发挥作用)的面向未来的全球协调。在这些新型的全球协调中,大国协调发挥着中心的决定性的作用。

19世纪初到20世纪初的欧洲协调(即欧洲范围的地区协调)被视为是当代全球治理的历史起源。同理,21世纪的全球协调也是21世纪全球治理的基础。在地区协调困难重重的亚洲以及太平洋地区,为了在经济与安全上的治理,新的地区协调更加必要。在地区层面的治理增多了,全球治理就获得更加坚实的基础。

对目前的全球治理转型来说,最关键的不是别的,而是把G20等当作21世纪的全球协调,组成一个全球协调体系。全球协调是全球治理的集体领导。

新一代全球治理方案的提供者

全球治理的进化与其他生命一样是分“代”的。首先是全球治理的起源。比如上面提到的19世纪初产生但一战前崩溃的欧洲协调(European Concerts)是全球治理在欧洲的最早实践起源;1945年左右,为避免世界重蹈世界大战而设计了从联合国到国际金融机构(布雷顿森林体系)和国际贸易组织等国际安排;冷战(20世纪40年代末到80年代末)使这些战后的国际治理(即全球治理的前身)没有充分发挥作用;冷战结束后,全球治理的呼声强烈,开始讨论和进行联合国改革和国际金融组织改革,世界贸易组织(WTO)也取代了关税与贸易总协定(GATT)。但是,如上所述,无论是联合国还是国际金融机构、世界贸易组织的改革,目前取得的进展是有限的。在21世纪,一个越来越全球化(尽管存在着反对全球化的各种力量)的世界面对许多全球问题更加需要全球治理,但谁来提供新的全球治理方案并落实这些新的方案?

自从布雷顿森林体系的固定汇率体系在20世纪70年代初崩溃以来，关于“后布雷顿森林体系”(post Bretton Woods System)的国际货币体系、国际(全球)金融治理(安排)一直在构想、计划、倡议中。中国学术界对此的贡献还不足。

中国必须要超越目前的全球治理，在成功发起亚投行等新型的国际金融组织之后，再进一步，鼓励一些重要的研究者和研究机构大胆探索下一代全球治理的理论与实践，为一个更加有序的、包容的、自由的、民主的、正当的世界秩序作出中国的贡献。

过去30多年中国经济的高速增长与现存全球治理之间的关系，需要在学理上深入研究，包括有足够的正反两面的历史数据支持，更需要宏观理论的支持。

中国高速增长之所以可能，与中国加入并“强化”现存的全球治理有关。这一点毫无疑问。

不过，现存的全球治理是中国增长和发展的主要因素之一，并不能继续保证未来中国的增长与发展。

非常现实、迫切又长远的一系列问题是：现存全球治理，具体来说，现存全球机构向何处去？我们到底需要什么样的全球治理？旧的全球治理能够经过改革而获得新生吗？有无新的全球治理取而代之？新的全球治理是什么？这是事关世界秩序的根本问题，需要我们深入讨论。

本书提出了研究中国在现在和未来全球治理中的基本角色的任务，试图确认和研究中国在全球治理中的几个主要角色：参加者、改革者、建设者、协调者和设计者。发现并定义这些角色是为了进一步使中国与全球治理之间的复杂关系明晰化、清楚化。

在系统性上，今日中国已经是全球治理体系最为不可或缺的一部分。中国在目前和未来的全球治理中的作用（角色）成为关于未来世界秩序和全球治理讨论的焦点之中的焦点。

本书呼吁中国学者探索新的全球治理（全球治理的转型），对未来的全球治理进行多学科、跨学科的设计、规划。

我十分感谢人民出版社领导重视本书的选题和出版。在编辑成书时，人民出版社责任编辑刘敬文做了大量细致工作。

在组织本书的最后期间，父亲身体衰竭，2016 年 9 月 12 日，父亲还是走了。然而不幸的是，我没能在他临终时候守在他身边,抱憾终生!谨以本书纪念我的严慈父亲!

无疑,我承担本书存在的一切错误的责任,真诚欢迎读者对本书的批评。

庞中英

2016年9月30日于北京

“世界秩序之争”再起

2015年是世界人民取得反法西斯战争胜利70周年。战后70年来，世界秩序发生了哪些主要变化，这些变化的焦点是什么？

当前的世界秩序之争的背景与缘起

1945年以来的70年，世界发生了许多重大变化。“民族民主运动”（“非殖民化”）、冷战、欧洲一体化、苏联解体、经济全球化、美国成为“唯一超级大国”、中国“崛起”。这些大事件极为深刻地影响了世界秩序的演化。①

① “国际秩序”与“世界秩序”有所不同，但存在着很大的交集。笔者意识到二者的差别，但更意识到二者的一致。国际秩序是世界秩序的一部分。

世界秩序是焦点之焦点的全球问题。习近平在2014年中央外事工作会议上的讲话“深入分析了世界发展态势和国际格局变化”,强调“要充分估计国际秩序之争的长期性,更要看到国际体系变革方向不会改变”。①

“国际秩序之争的长期性”是中国最高领导人对目前世界形势的一个极为重要的判断。世界其他领导人也在思考目前的世界秩序向何处去。美国前国务卿基辛格为此还出版了受到广泛关注的《世界秩序》一书,对“国际秩序之争”发表了系统的看法。②

1945年以来的70年,关于世界秩序的争论、争夺一直没有停止,有时“争”的情况变得十分尖锐——要什么样的秩序?是什么样的秩序?谁的秩序?现存的秩序走向何方?等等。

在联合国成立不久的20世纪40年代末,美苏之间就爆发了冷战。冷战一直持续到20世纪80年代末,是“国际秩序之争”史上最严重、最紧张的局势。苏联代表了20世纪的一

---

① 参见 http://news.xinhuanet.com/politics/2014-11/29/c_1113457723.htm。

② See Henry Kissinger, *World Order*, Penguin Press, 2014.

种主要的国内秩序。这一国内秩序向外的延伸组成的国际体系与美国组织的国际体系形成两种世界秩序的全球对抗。在20世纪50年代中期，新生的国家（如中华人民共和国）和历史上第一次获得独立国家地位的国家（如印度和印度尼西亚）提出“和平共处”原则，召集万隆“亚非会议”（1955年），为后来的在美苏之外的“第三世界”、“不结盟运动”和“发展中国家的兴起”开了头。而在“西方”内部，从20世纪50年代开始，属于美国阵营却面对苏联的“欧洲联合”在西欧起步，成功形成“欧洲共同体”。

在1991年苏联解体的同时，欧洲共同体升级为欧洲联盟，“新欧洲”格局出现。20世纪70年代，主要以亚非拉国家为主的石油生产国联合起来，集体向发达国家发难，导致了“石油危机”引发的二战后最大一次西方经济衰退。发展中国家以集体力量，利用联合国等国际组织，要求“建立国际经济新秩序”。20世纪80年代，致力于欧洲共同体的西欧领导人，尤其是当时的联邦德国总理维利·勃兰特等社会民主党势力，对发展中国家的“正当”要求作出积极回应，提倡“北方国家”（欧洲共同体）应该与“南方国家”进行对话与合作，通过“重建世界经济秩序”，缓解南北经济冲突。然而，由于英美在20世纪70年代末开始发动“新自由主义”为指导思想的“全球化”，大批发展中国家或深或浅地卷入这次“全球化”过程，“南北对话”止步不前，“发展中世界”分化严重，有的“从全球化中受益”，“崛起”为“新兴经济体”，有的则陷入“内战”、混乱、停滞，甚至“失败”的地步。

美国在苏联解体前夜，即1990年发动的海湾战争中就迫不及待地提出塑造“新的世界秩序”的目标。苏联解体之后，美国旋即以“冷战胜利者”自居，开始全面建立“美国领导下的世界秩序”。一系列支持美国主导的世界秩序即“单极世界”的系统性言论不断涌现，影响广布全球。人们熟悉的包括福山的“历史终结论”，布热津斯基的“美国是人类历史上第一个也是最后一个超级大国”，等等。不过，一些头脑冷静的美国学者没有照单全收而是修改了上述被“胜利”冲昏头脑的极端言论。1999年，提出“文明之间冲突”的亨廷顿认为世界格局是充满矛盾性的“单极下的多极”（Uni-multi-polar）。① 不过，进入21

① Samuel P.Huntington,“The Lonely Superpower”, in *Foreign Affairs*, Vol. 78, No.2(March/April 1999).

世纪，尤其是 2008 年美国爆发金融危机之后，美国内外再次出现了“美国（力量）衰落（走下坡路）”的争论。① 不过，美国一些精英竭力否定“美国衰落”。在 2014 年，美国总统奥巴马甚至希望美国主导的世界秩序再延续一百年。②

本文以过去 70 年世界秩序的变化为背景，尤其是以过去 70 年中国与世界之间关系的演化为背景，讨论中国所面对的“国际秩序之争”。这里的“争”是广义的，是在全球、地区、国内三大层面展开的。为什么“争”？“争”向何处？在“国际秩序之争”中的中国立场呢？中国到了“要建立自己主导的国际秩序”③的时候了吗？

“挑战”与“不挑战”

最近一些年来，在美国和欧洲等地，对“（国际）权力转移”和“（国际）权力扩散”十分担心。而这两个“担心”合在

① 20 世纪 70 年代末出现了第一次“美国衰落”的争论。

② 2014 年 5 月 28 日，美国总统奥巴马在西点军校毕业典礼上的讲话。

③ 郑永年：《中国要建立自己主导的国际秩序》，参见 http://www.china.com.cn/opinion/think /2015-03 /30/content_ 35193588.htm。

一起就引起了对世界“无序”的深刻焦虑。所谓“权力转移”，是指主导、控制世界秩序的权力从美国和其他西方国家转移到中国等非西方国家；所谓“权力扩散”，是指国际权力从原来的“国家政权”控制到大量的“非国家行为体”（non-stateactors）或者不被现存国际体系承认的介于“国家行为体”和“非国家行动者”之间的各种国际行为体也获得了各种各样的国际权力。

这两个“挑战”中的哪一个对现存国际秩序及其中的主要国家（尤其是美国）影响更大一些呢？

“软实力”国际关系理论的创始人约瑟夫·奈从“软实力”的角度否认“美国衰落”。他指出：“真正的问题不是美国将被中国或者另一个竞争对手超越，而是其他许多实体（包括国家和非国家实体，如跨国企业、恐怖组织和网络罪犯）实力资源的上升。美国还将面临越来越多的全球问题，需要我们有能力组建联盟和网络。与那些宣称 21 世纪是中国世纪的观点相反，我们并未进入‘后美国’世界。但未来的美国世纪看上去将与过去几十年不同。美国在全球经济中所占的份额将小于上世纪中叶那段时期。此外，其他国家崛起所导致的复杂性，加上非国家实体的角色上升，将让即便身为头号强国的美国也更难施加影响和组织行动。无序是比中国更大的挑战。”①

根据奈的观点，美国根本的担心并不是国家实力对比的变化，而是由于这种实力对比的变化可能影响美国对世界的主导性。政治学的根本问题是“谁控制”和“谁主导”。美国和世界关系的根本问题是，美国是否继续控制主导这个世界。

奈一方面坚定地重申，“美国世纪”还在继续，“至少还会持续数十年时间”，这主要是因为美国在军事和软实力方面有着别的国家，尤其是中国、俄罗斯、印度、巴西、欧盟国家等不可企及的优势。② 同时，他也认为，应该区别美国“霸权”和美国“主导”。这使他与那些坚持美国霸权的人不同，也与那些认为美国衰落（至少是暂时或者已经开始衰落，但未来不确定）的人不同。

---

① 参见约瑟夫·奈：《中国崛起终结美国世纪?》，转载于 FT 中文网，http://www.ftchinese.com/story/001061313? full=y。

② 参见约瑟夫·奈：《中国崛起终结美国世纪?》，转载于 FT 中文网，http://www.ftchinese.com/story/001061313? full=y。

在我看来,奈做的是比较霸权(comparative hegemony)这一有意思的课题。他认为“美国在世界中的地位更应该称为‘半霸权’(half-hegemony)”,而不是人们普遍误解的美国是全面的霸权。这是他在退休后写作中真正的新观点。有了“半霸权”的概念,他想到了美国人熟悉的“主导”(primacy)一词,为美国在世界的控制地位辩护。“主导”一词“才更准确地描述了一国在三大实力源上的(可测量的)超凡比重:军事、经济和软实力”。根据这三方面的指标,“仍有理由相信,至少在本世纪上半叶,美国将仍然拥有主导地位,并继续在全球实力平衡中扮演核心角色”①。

从约瑟夫·奈等学者的观点可以看到,尽管以美国为首的西方国家不担心国家间实力的变化,但还是对自身是否能够继续主导世界抱有一定的担忧。

最新的关于当前“国际秩序之争”的例子是围绕“亚洲基础设施投资银行”(AIIB,以下简称亚投行)展开的高度复杂的国际政治。中国领导人在 2013 年提议,可通过“一带一

① 参见 http://www.project-syndicate.org/commentary/american-hegemony-military-superiority-by-joseph-s-nye-2015-03/chinese#QuogmBOh3MCZABfP.99。

路”即加强全球的基础设施投资带动世界经济新的增长。作为对美国奥巴马政府“转向亚洲”（pivot to Asia），构建“没有中国”的一系列新国际安排的有力的战略回应，“一带一路”倡议中包括设立一些新的国际金融组织，其中就有亚投行。中国这一倡议，引起了美国及其在亚太地区最亲密的盟国日本的极大“关切”，因为亚投行直接触及“现存世界秩序”的敏感神经。

为什么美国把亚投行问题上升到“国际秩序之争”的高度？因为中国被认定是“（重新）崛起”的“修正主义国家”（revisionist power）。根据西方的经验与理论，崛起的谋求主导的大国与现存的维持主导的大国之间的关系是一个尚未解决的难题，即“修昔底德陷阱”（Thucydides trap）。自1989年以来，尤其是21世纪初，中国提出了“和平崛起”或“和平发展”的理论，向世界说明中国不谋求对国际体系的主导，即“不称霸”的新表达。但是，对美国来说，即使是“和平”的“崛起”或者“发展”，也是对现存秩序的“修正”或者“改变”。

从1979年中美建交以来，美国对中国一直做着两件事：

把中国"纳入"(integrate)美国主导的国际体系——"西方自由秩序"(Western Liberal Order)中;同时,要求中国不要"免费搭车",而要承担更多的与身份地位相称的国际责任,即"贡献"更多的"国际公共产品"(international public goods)。2005年,美国时任常务副国务卿佐利克(Robert Zoellick)发表了《中国向何处去?——从(国际体系的)成员地位到承担相应的责任》的著名演讲,提出了中国要做"负责的利益攸关方"(responsible stakeholder)的要求。①

关于中国做美国组织的国际体系中的"负责的利益攸关方"一度成为焦点话题。

佐利克这一代表美国政府的对华外交政策讲话发表正好十年之后的2015年,中国发起、筹组并落实了包括亚投行在内的一系列新型国际金融机构倡议。本来,根据"负责的利益攸关方"的观点,中国筹组亚投行正说明中国变成更加"负责的利益攸关方"了。因为即使是美国,也没有如此大规模地贡献国际公共产品——在世界经济最为困难的时刻,把中

① 参见 http://2001-2009.state.gov/s/d/former/zoellick/rem/53682.htm。

国的发展与世界的发展紧密地联系在一起。但是,美国似乎完全忘记了十年前“负责的利益攸关方”的振振有词,不是表扬和支持中国的所作所为,而是把诸如亚投行这类为国际社会做好事的行为说成是“挑战”和“颠覆”美国主导的世界秩序。①

乍一看,亚投行等中国发起的国际金融组织与美国在第二次世界大战结束前后筹组的管理世界货币与金融体系的“布雷顿森林体系”似乎异曲同工。有人甚至把美国在冷战开始后执行的主要外交政策项目“马歇尔计划”拿出来进行类比。中国已经明确表示,“一带一路”倡议不是什么当代的“马歇尔计划”。不过,把中国发起的包括亚投行在内的“一带一路”倡议与“布雷顿森林体系”和“马歇尔计划”类比本身却值得思考。21 世纪 20 年代的中国在世界上的所思所想、所作所为难道都是受到美国统治世界经验的启发?如果中国只是模仿和复制美国的全球统治模式,就注定了中国“软实力”的先天不足。

① 参见约瑟夫·奈:《中国崛起终结美国世纪?》,转载于 FT 中文网,http://www.ftchinese.com/story/001061313? full=y。

实际上,美国对亚投行等问题的不满、批评和阻止美国的“盟友”加入亚投行都说明中国并不是简单地模仿和复制美国的模式。中国转变认识、态度和立场,重视全球治理,不仅参与全球治理,而且试图在全球治理中发挥某种引领作用,推动全球治理的转型与创新。

统治和治理不同。全球统治是霸权治理,与真正意义上的包容性的、普遍参与、共享的全球治理不同。霸权治理和全球治理之间存在着根本的矛盾和冲突。中国追求的不是霸权治理,而是全球治理。但是,任何真正的全球治理恰恰不利于美国的霸权治理。

中国政府不断地通过多种途径,在多个场合声明,亚投行不是“取代”、更不是“颠覆”,而是“补充”,且承诺要与现存世界秩序下的全球治理机构,如世界银行进行充分的合作。①

在中美领导人共同签署的《二十国集团布里斯班峰会公报》(2014)中,已经解决了诸如亚投行这样的新建国际金融

① 胡舒立:《亚投行与“最佳实践”之争》,《财新》2015年第12期。

组织和已有国际金融组织之间的关系问题:“解决全球投资和基础设施投资不足问题,对促进增长、创造就业和提高生产力至关重要。我们赞成‘全球基础设施倡议’。”

“我们将继续同多边开发银行合作,并鼓励各国开发银行,通过优化资产负债表的方式提供额外贷款,并确保G20在基础设施领域的工作惠及低收入国家。”“为支持落实上述倡议,我们同意成立为期四年的全球基础设施中心。”“欢迎世界银行发起成立全球基础设施基金。该基金将同我们的工作相互补充。我们支持其他开发银行的类似行动及彼此合作。”①

2015年3月30日,在以北京为总部的国际金融论坛(IFF)举行的学术圆桌会议上,美国大西洋理事会高级研究员罗伯特·曼宁(Robert Manning)指出,奥巴马总统的特别代表、财政部长雅各布·卢正在华访问,“寻求建立美国与正在

① 参见 http://www.mfa.gov.cn/mfa_chn/zyxw_602251/t1211589.shtml。

组建的亚投行之间的关系”。曼宁这句话很值得玩味:美国不再批评亚投行,不再反对“盟友”加入亚投行,而是试图高高在上地管理、统治亚投行了,即维持“现有秩序”——世界银行在协调和管理包括亚投行在内的新建国际发展机构上的作用。从1944年建立以来,美国一直控制着世界银行,尽管在世行内部治理中有一些变化,但是,任何竞选成为世行行长的非美国人都以失败告终。

“改革”与“新建”

1870年,在西方列强举行著名的“瓜分非洲”的柏林会议以后,西方要使中国更进一步“门户开放”。100年后的20世纪70年代,西方再次试图打开中国的大门。这一次,西方很幸运也很成功,因为当时的中国正在寻求“对外开放”。“门户开放”和“对外开放”两种力量终于“相向而行”。①

从1979年至今的将近40年,是中国与西方主导的世界

① “相向而行”是中国外交的话语之一,即呼吁有关对立的方面不做恶化局势的行为,而是缓和、谈判与合作,进而解决问题。

秩序之间关系的一个最为重要的时期。这一关系是影响第二次世界大战结束70年来的世界秩序演化的中心因素之一。

如上所述,西方的目标是吸纳中国加入“现有(存)秩序”。这里的关键词是“现有秩序”。这个“现有秩序”有各种定义,但根本的是,如同美国学者约翰·艾肯百里(G.John Ikenberry)明确指出的,现有秩序是“美国主导下的秩序”。[①]

在苏联解体之后,中国面对着处理与“现有秩序”的关系的十字路口。中国的决定是在经济上完成加入“现有秩序”。

在21世纪20年代,中国与现有秩序的关系又走到一个十字路口。这一次,中国不再简单地加入或者被纳入“现有秩序”,而是试图做两件事情:

第一,“改革”现有秩序。中国是“当代国际秩序的改革者”。“我们倡导的是改革完善,而不是另起炉灶。改革的方向是,推进国际关系民主化和法治化,维护占联合国会员国绝大多数的发展中国家的正当权益,构建以合作共赢为核心的新型

① See G.John Ikenberry, *Liberal Leviathan: The Origins, Crisis, and Transformation of the American World Order*, Princeton University Press, 2012.

国际关系，推动国际秩序朝着更加公正合理的方向发展。”①

第二，仅有“改革”还不够，中国要建设与“现存秩序”平行的一些东西，这些东西被怀疑、疑虑或认定为是与“现存秩序”异质的，但中国坚持认为这些新建的东西并不挑战“现存秩序”。

于是，就出现了两种情况：中国参加了“现有秩序”（主要包括联合国、国际金融组织和世界贸易组织），但对它的“改革”一时难以取得实质进展。

苏联解体后，在美国为“单极世界”的到来欢欣鼓舞的同时，世界各国以为联合国由此获得了新生，可以重建一个以联合国为中心的国际秩序。“联合国的改革”在20世纪90年代初起步。然而，20多年下来，联合国的改革进展十分缓慢。② 在国际金融组织方面，改革也遭遇阻力。美国参加的《二十国集团布里斯班峰会公报》批评了美国国会阻挠国际

① 王毅：《中国是当代国际秩序的参与者、维护者和改革者》，参见中国外交部网站，2015年2月23日。http://www.mfa.gov.cn/mfa_chn/zyxw_602251/t1240005.shtml。

② 参见联合国常务副秘书长埃利亚松（Jan Eliasson）2015年4月10日在中国人民大学的演讲。

货币基金组织改革进程：“我们承诺维护一个强健、以份额为基础、资源充足的国际货币基金组织。我们重申将继续落实圣彼得堡峰会承诺，并因此对2010年国际货币基金组织份额和治理结构改革、第15次份额总检查以及新份额共识的持续拖延深感失望。落实2010年国际货币基金组织改革方案仍然是我们最首要的任务。我们敦促美国批准上述改革方案。”不过，即使多边机构的内部治理取得一定进展，其在全球治理中的作用未必获得相应的提高。①

在“新建”诸如亚投行这样的国际机构方面，中国顶多是一个后来者。美国和欧洲等国家一直在“新建”。欧美无须为这些“新建”作任何解释，至于欧美“新建”的国际机构是否为“另起炉灶”，并无多少人指责和怀疑。在中国因为“一带一路”和亚投行等向国际社会解释“不是另起炉灶”的同时，美国组织的诸如排他性的“跨太平洋伙伴关系协定”（TPP）等根本没有“国际正当性”的担心。

“新建”代表着主流。1945年以后，联合国系统在不断增

---

① See Ian Goldin, *Divided Nations: Why Global Governance Is Failing, and What We Can Do about It*, Oxford University Press, 2013.

长，出现了诸如联合国难民事务高级专员公署、开发计划署（UNDP）这样的国际组织。联合国系统为联合国实现其使命提供了制度（组织）基础，是联合国在观念和制度上的发展。例如，与国际金融机构和世界贸易组织等不同，UNDP 在推动“人类发展”上功不可没。联合国在 20 世纪和 21 世纪之交制定了“千年发展目标”，更新了“发展”的概念。2015 年之后，“千年发展目标”将进入新阶段。

以“新建”为主流推动世界秩序变革的方法其实是在打破现有世界秩序的利益格局，因此，势必会引起原主导国的不满与施压。

发展在解决问题的同时，也在制造问题。气候变化在 1945 年时根本不是问题，甚至在冷战期间，气候变化也仅是科学研究的问题，但在中国、前苏联国家、印度、巴西、非洲等全部卷入工业化、城市化后，气候变化问题突出出来。气候变化治理只能是包容性的多边治理，联合国为此建立了新的国际制度。气候变化的全球治理是艰难的，然而也是别无选择的。

在发展中国家，尤其是在自然资源比较丰富的国家，发展带来的典型问题是“资源诅咒”，引发冲突，甚至战争。为了解决这类发展引起的冲突，各个国家、国际组织和非国家行为体做了许多尝试。例如，经过联合国安理会授权，为解决因为开发钻石而引起的“资源诅咒”冲突的“金伯利进程”（Kimberley Process）于 2002 年产生了。2014 年，中国首次担任“金伯利进程”轮值主席。截至目前，“金伯利进程”已塑造了一种新的全球治理模式。

“全球挑战”是一个长长的单子。例如，海洋问题在 20 世纪 70 年代以后就愈来愈突出，而在 21 世纪则更加尖锐。1945 年时，海洋问题相对比较简单，《大西洋宪章》规定了自由航行，海洋国家的利益就得到了保障。世界上许多国家认识到海洋的重要性，许多国家志在成为“海洋国家”，但是控制世界海洋的老牌国家则不愿意修改世界海洋秩序。中国一度严重忽略海洋问题，我们的海洋国土、岛屿主权和海洋权益遭到严重侵犯和蚕食，损失巨大，与有关海洋国家之间的冲突日益加剧。《联合国海洋法公约》是随着形势的发展而新建国际制度的一个重大例子。在 21 世纪，该《公约》面临着新挑战。中国作为大国，在加入该公约时，对该公约的不利一面考虑不足，原因是公约诞生和中国加入时，中国的海洋意识、对海洋主权的态度,以及对世界海洋的依赖与今天志在成为一个名副其实的世界海洋国家很不同。而在 20 世纪没有参加创始、也拒绝加入该《公约》的美国则可能在 21 世纪初加入该公约,因为美国要使用该公约来制约包括中国在内的"新兴"海洋国家。在其他议题,如核能安全、网络安全、南极和北极问题、外层空间利用等"全球公域"(global commons),都需要"新建"国际制度才能实现对这些问题的全球治理。

在过去 70 年,即联合国存在的 70 年,在不少情况下,美国一直是国际合作中的一个阻力,而非动力,所以,很多国际协议是没有美国参加的,且没有美国参加的国际协议居然也取得了一定的效果,在全球治理中发挥了关键作用。也就是说,"没有霸权的(国际)合作"(cooperation without hegemony)即使在联合国系统中也在取得发展。①

今天的国际机构(国际制度)是极其多样性的和严重相互

① Lien Thi Quynh Le, Yoshiki Mikami and Takashi Inoguchi, "Global Leadership and International Regime: Empirical Testing of Cooperation without Hegemony Paradigm on the Basis of 120 Multilateral Conventions Data Deposited to the United Nations System", in *Japanese Journal of Political Science*, Vol.15, No.4, 2014, pp.523-601.

重叠的。在国际安全方面,尤其是对于大多数欧洲国家来说,北约比联合国安理会更加重要,而七国集团(G7)即使在G20成立的情况下也还继续存在,且试图在G20中发挥中心作用。这样的趋势将继续下去。七国集团中的一些国家,尤其是日本,从与中国进行地缘政治竞争和对抗的角度出发,极其重视七国集团的继续。其实,一些学者早已指出并研究过此种情况。2005年,福山就提出了“多样的多边主义”(multi-multilateralism)这一术语来描述这种世界局面。① 非联合国体系的国际组织及其活动,例如非联合国授权的维和活动,是国际现实。

在这种叠床架屋的并存时期,美国谋求的仍然是霸权主导下的全球统治,以“自由经济体系”(liberal economic systems)一统世界经济,避免出现不遵守“共同规则和规范”(common rules and norms)的情况。② 尽管美国等国家不断鼓

① Francis Fukuyama, “Re-envisioning Asia”, in *Foreign Affairs*, January/February 2005.

② 《希拉里·克林顿评亨利·基辛格的〈世界秩序〉》,载于2014年9月4日《华盛顿邮报》。参见 http://www.washingtonpost.com/opinions/hillary-clinton-reviews-henry-kissingers-world-order/2014/09/04/b280c654-31ea-11e4-8f02-03c644b2d7d0_story.html。

吹“中国威胁”，担心中国“另起炉灶”，但中国发起的国际机构，不是也不可能是美国那样的霸权统治，而是一种没有霸权的全球治理（non-hegemonic global governance）。

非常明显，目前的这场“国际秩序之争”还是可控的。大多数国家并不主张“革命”或者“推翻”已有的即老的代表全球治理的国际制度，而是主张对其进行必要和必需的改革、完善。然而，各国在改革国际组织的原则和政策上，存在着不少分歧，有些分歧甚至是严重的；而在创建新国际机构方面，目前各国，尤其是各个大国，似乎展开了激烈的国际竞争。如果竞争是良性的，创设国际制度有利于对世界的有序而非无序状态作出贡献，则是好的全球治理的国际制度供给。否则，竞争将导致国际关系的复杂化，甚至引起一些国家之间的严重冲突。最终，不论如何，未来的现实和趋势是，老旧的国际结构和新建的国际结构之间的并存、协调、对接、融合、冲突。

由于 G20 等已经诞生且在最高政治层次运作（从 2008 年以来举行 G20 领导人会议），代表旧的国际制度的国家力量和代表新的国际制度的国家力量在诸如 G20 这样的妥协性、合作性全球框架下交锋和互动。中国于2016年担任G20轮值主席国。2016年是世界秩序下一个70年的开始,中国的G20轮值主席的使命之一应该是让旧的国际制度和新的国际制度对接、结合起来,从而使21世纪成为主要由非西方国家推动的真正意义上的全球治理世纪。

“后威斯特伐利亚体系”?

世界秩序之争的另一种后果可能是世界反而进入一种“无序”的状态。

在联合国成立70周年之际,在欧美,越来越多的人担心21世纪可能将是无序的世纪。

俄罗斯在一些原属苏联但现已经独立的国家,如格鲁吉亚、乌克兰等地“收复”失去的领土,对分散在前苏联领土空间的俄罗斯公民甚至俄罗斯人实行保护政策,使许多前苏联加盟共和国都担心俄罗斯会采用同样的做法“践踏”这些“新独立国家”的主权和领土完整。

第二次世界大战后70年,“非殖民化”导致了在中东、非洲、亚洲等地区诞生了一系列新国家并以“民族国家”(nation-state)的身份加入了联合国。由殖民主义者确定的边界在独立国家诞生后得到承认。非洲由此诞生了50多个国家,阿拉伯世界则是22个。英国在亚洲的殖民地有数个,后来经过战争或者和平方式分裂成目前的局面(印巴分治依靠战争,新加坡从马来西亚独立出来则是和平的)。继承荷兰的“东印度”形成了爪哇人的印度尼西亚国家。然而,殖民主义划分的边界从一开始就是不合理的,埋下了后来在亚非拉地区的国内和国际冲突的种子。过去70年,在非洲,内战和国家之间的冲突不断;在中东,代表阿拉伯和保守的伊斯兰的是沙特及其盟友,而伊朗则代表着非阿拉伯的革命的伊斯兰,此种冲突是中东地区国际关系中的一个主要内容,标志着第二次世界大战后形成的“威斯特伐利亚体系”的事实动摇。①

其实,欧洲,主要是西欧,在第二次世界大战后不久就进入了“后威斯特伐利亚”时代。欧洲联盟代表着第一批进入“后威斯特伐利亚”的国家。欧洲和欧洲联盟的对外政策是

① 于时语:《威斯特伐利亚体系的衰落和李光耀的历史功绩》,载于2015年3月30日新加坡《联合早报》。

“规范性强权”（normative power）下的“保护的责任”（R2P）。尽管关于“保护的责任”在欧洲内外和联合国争论十分激烈，但是，欧洲在实际对外政策上实践“保护的责任”。在这一外交政策下，欧洲成为全球进入“后威斯特伐利亚”时代的主要驱动力量，拆解着第二次世界大战后形成的民族国家为基本单元的国际秩序。

在全球治理领域，欧盟不断向全球输出“民主”、“人权”、“良治”、“环境”等理念，介入了全球许多国家的“国内”治理。而在地缘政治方面，进入“后现代”的欧洲及欧盟，不断吸引着其“周边”国家如乌克兰等加入欧盟。而试图加入欧盟本身就撕裂着诸如乌克兰这种国家的国家结构。欧盟已经拥有了“共同外交与安全政策”，成为与国家并驾齐驱的国际行为体，如欧盟是 G7 和 G20 的成员。欧盟与世界大多数国家和地区建立了外交关系。围绕乌克兰问题，欧盟与俄罗斯发生了严重冲突。当然，欧盟也成为俄罗斯与乌克兰、俄罗斯与美国之间的调解力量。

中国于 2014 年在北京隆重纪念了“和平共处五项原则”诞生 60 周年，2015 年又参加了在印度尼西亚万隆举行的纪念“亚非会议”60 周年活动。但是,在国内政治和对外关系上,当年提出“和平共处”并缔造“万隆精神”的国家都发生了很大变化。尽管印度也声称奉行“不干涉内政”的联合国宪章原则,但印度对这一原则的理解不同于其他国家。实际上,印度是发展中国家中奉行干涉主义外交政策的国家之一,不尊重中国的领土主权,干涉中国内政(为达赖集团提供“流亡政府”所在地),深度介入了南亚等地一系列国内冲突。而成立于 1967 年的东盟后来愈来愈模仿欧盟,成为本质上排他性的东南亚地区共同体(即该组织已经包括了“全部”东南亚国家,从事实上和法理上剥夺了中国作为东南亚国家的地位,即中国是东盟的“域外国家”)。

换句话说,东盟与中国的关系,无论密切到什么程度,都是东盟与一个“域外国家”的关系。2008 年,《东盟宪章》成立,2015 年的东盟峰会上,东南亚十国正式宣布建成东盟共同体。根据《东盟宪章》,不干涉内政原则和有条件的积极介入原则并存。东盟作为一个国际行动者的出现本身就是对当年印度尼西亚等主张的“和平共处”原则的巨大修改。

结　论

从 1945 年到 2015 年，世界秩序在演进中经历了多次重大改变。目前，世界秩序再次处在巨变的关键点上，在 21 世纪，要什么样的秩序成为国际斗争焦点的焦点。

世界秩序向何处去？未来的世界秩序取决于目前的各个大国（老牌的美国及其盟友以及“新兴大国”）的选择。美国自身国内治理及其外交政策向何处去？美国是否会容忍一个“后美国霸权”（post-America）的世界？美国能否“恢复”甚至长期维持其“领先”地位？中国的外交政策，尤其是目前的“一带一路”战略，能否在塑造甚至组织一个新的全球体系（世界秩序）上独树一帜？

毋庸置疑，各大国之间的复杂互动，尤其是大国组成的各种“多边”框架将塑造未来的世界秩序。这里，还要补充一下关于金砖国家（BRICS）合作这一新近出现的局面。

金砖国家之间之所以在一个华尔街金融概念（BRIC）下建立了合作及其初步的机制，原因是这五个国家（巴西、俄罗斯、印度、中国和南非)都对现有世界秩序中的美国霸权(“单极世界”)不满,即这五国继续指出现有世界秩序的不公正性、不合理性、不民主性、不工作性,希望改革现有秩序,实现真正的包容、民主、有效的全球治理。回顾金砖国家峰会历年发表的《声明》,这一点是金砖合作之所以成立的主要外在原因。

各个金砖国家都被认为代表着世界政治的一极。也就是说,各个金砖国家是“多极世界”或者“权力转移”成立的主要依据。但是,问题有很多:金砖国家合作是对21世纪的“多极世界”的一种全球治理吗?金砖国家都被认为是“新兴大国”,新兴大国之间仅有合作吗?显然,尽管“新兴大国”之间的冲突尚未成为“大国政治的悲剧”,但是,这种可能性并不能排除。中俄、中印,甚至中国与“全球的南方”的代表性国家巴西之间的冲突不能漠视。金砖国家合作机制能否是“新兴大国”之间未雨绸缪,并防止它们之间“大国冲突”的“大国协调”(concert of powers)?金砖合作仍然是一个新兴的“小”的全球的多边机制。今后,符合金砖国家合作资格的其他国家可能会加入这一机制。不过,金砖合作内部的凝聚力决定这一新型多边安排的未来。各个金砖国家的国内政治体制和治理结构存在差异,其对外政策存在着竞争甚至冲突,在金砖合作框架之下的宏观政策相互协调不易。各个金砖国家与美国以及整个西方之间关系不同。因而,金砖国家之间的密切合作尚未实现。

(本文原载《当代世界与社会主义》2015 年第 3 期)

全球治理赤字及其解决

——中国在解决全球治理赤字中的作用

世界面对的严峻挑战:在全球范围和全球层次上的治理赤字

全球治理是在全球范围和全球层次上对问题的治理。早已公认的事实是:第一,世界问题的存在范围(场域)、影响范围是"全球的"(on a global scale);第二,世界问题的存在层次是全球的(on the global level),即这样的问题不仅存在于国家以及国家之内的地区和国家之外的地区的各个层次上,而且主要存在于全球层次。问题是在全球范围和全球层次上,解决问题的方法(方案)也相应地在全球范围和全球层次上。

全球化在带来成就（尤其是普遍的经济增长、相互依存为基础的和平）的同时也带来问题。随着全球化的继续，世界的问题、威胁、挑战也在积累。在全球范围和全球层次上对问题的治理更加必要。但是，全球治理的真实情况到底如何？令人不安和失望的是，世界并不存在希望的、预期的、设计的、主张的全球治理，而是存在着巨大的“全球治理赤字”。

本文无从考证全球治理赤字从何时成为一个专有术语（话语）。这一话语主要是强调总体上现存的全球治理面对的严峻局面。从冷战结束后的 20 世纪 90 年代初，国际上就开始强力呼吁加强全球治理。例如，1992 年成立的具有一定的全球代表性的“全球治理委员会”（已故钱嘉栋大使为中方委员）在 1995 年率先发表了影响深远的《天涯成比邻：全球治理委员会报告》。① 进入 21 世纪，对全球治理赤字的研究增多。一系列代表性的国际人士就此发表了看法。例如，法国学者和政治家拉米（Pascal Lamy）结合其担任 WTO 总干事的经验系统地阐述了为什么全球化加速的情况下却没有相应

① 该书英文原版英国牛津大学出版社。中文版：《天涯成比邻：全球治理委员会的报告》，中国对外翻译出版公司。

的全球治理——全球治理赤字。[①] 呼吁正视全球治理赤字的欧美有代表性的全球治理学者不少。英国长期研究全球治理的几位英国学者合著有《大僵局:为什么我们最需要的全球治理却趋于失败》。[②] 有的西方学者更是直接以全球治理赤字为题著述,如美国马萨诸塞大学(University of Massachusetts)政治学教授哈斯(Peter M.Haas)讨论了全球环境治理的赤字情况。[③] 在中国,注意到全球治理赤字现象并对全球治理赤字加以学术讨论的学者也不少。秦亚青在研究国际权力转移和世界秩序时强调了"(全球)治理赤字"问题。[④] 由中国社会科学院世界经济与政治研究所和美国印第安纳大学中国政治与商务研究中心联合主持的研究报告《中

① Pascal Lamy, "The Raymond Aron Lecture: Is globalization in need of global governance?", Washington: Brookings Institution, October 28, 2013. See: http://www. brookings. edu/~/media/events/2013/10/28-global-governance/20131028_aron_lecture_lamy_remarks.pdf.

② Thomas Hale, David Held and Kevin Young, *Gridlock: Why Global Cooperation is Failing When We Need it Most*, 2013.

③ Peter M.Haas, "Addressing the Global Governance Deficit", *Global Environmental Politics*, 4(4): 1-15, February 2004.

④ Qin Yaqin, "Power Shift, Governance Deficit and a Sustainable Global Order", *Economic and Political Studies*, Volume 1, Issue 1, 2013.

美两国与全球治理:新时代的新议题》认为,全球治理赤字是严峻挑战,中美合作才能改善全球治理的赤字。尤其值得注意的是,该报告认为,那些认为“全球治理已经相对完备”的观点是错误的,因为“几乎没有清晰和现成的规则,以解决各方利益分歧”,并非“所有的全球治理规则都不约而同地鼓励开放、国民待遇和互惠”。①

“赤字”也叫“缺口”(gap),是低效(deficiencies)、不发挥作用(failed to work)或者失败(failures)的结果。不过,不同学者对赤字的理解不一样。有的学者明确指出赤字并“不是民主赤字”(not democratic deficit),而只是在行政管理意义上,即“目前安排的实际和潜在效果”(between actual and potential effectiveness of current arrangements)之间的差异,即现有国际机构(国际组织)的绩效不尽如人意。② 然而,全球治理赤字显然不仅是现有国际制度或者国际安排(如 G20)没

---

① Scott Kennedy and He Fan, US, China and Global Governance: A New Agenda for a New Era, 2013. See: https://www.indiana.edu/~rccpb/wordpress/wp-content/uploads/2015/11/A_New_Agenda_fo_a_New_Era.pdf.

② Peter M. Haas, "Addressing the Global GovernanceDeficit", *Global Environmental Politics*, 4(4): 1–15, February 2004.

有达到预期的设计的效果这么简单。全球治理赤字主要是政治赤字,尤其是“民主赤字”,即目前的全球治理机构(如国际金融组织)中,非西方国家的代表性、发言权缺乏导致了这些机构的低效和失败。英国著名国际政治经济学学者佩恩(Tony Payne)指出,世界上存在的一些非常严重的问题,例如大国协调的失败,已经破坏了而且继续破坏当前的(为了全球治理的)国际机制,并导致了严重的“全球治理赤字”,即全球治理机构(他指的是诸如国际货币基金组织之类的全球性国际机构)并没有真正发挥作用。①

从研究的角度看,“赤字”是一种有效的社会科学为基础的政策分析工具(方法),即借用财政分析方法或者“赤字”的隐喻强调某一议题的严重性。这一方法有助于理解问题和解决问题,即理解为什么发生赤字、如何改善或者解决“赤字”甚至进入没有赤字的良好状态。

本文讨论什么是全球治理赤字、为什么存在全球治理赤

---

① Tony Payne, “The Coming Crisis: why global governance doesn't really work”, 2016, http://speri.dept.shef.ac.uk/2016/06/15/the-coming-crisis-why-global-governance-doesnt-really-work/.

字、如何克服全球治理赤字、中国在解决全球治理赤字中作用。

什么是全球治理赤字?

对全球治理赤字的理解学界有所不同。本文的理解如下:

全球治理赤字并不是一个新的现象。冷战时,以美苏为两极,东西对抗,第三世界兴起,联合国陷入瘫痪,联合国安理会无法应对全球安全挑战。这一情况是典型的全球治理赤字,尤其是全球安全治理赤字。联合国本来是要通过集体安全体制实现全球安全治理的。这一状况从 20 世纪 40 年代末一直持续到 80 年代末。不过,冷战的结束使联合国在维护世界和平中的作用逐步发挥出来。例如,联合国维和行动在冷战后得到加强,中国等转变态度与政策,积极参加了联合国维和行动。在冷战结束的背景下,联合国也试图进行深刻改革,可惜,从 20 世纪 90 年代初到现在,20 多年过去了,尽管雄心勃勃、讨论热烈,但改革的实际进展有限,全球安全治理赤字并没有因为联合国改革得到根本弥补。在缺少有效的全球安全治理的情况下,美国及其同盟(北约)绕过联合国发动了阿富汗和伊拉克两场大的局部战争,深度干涉了中东和北非事务。而在亚太地区,联合国在亚太安全中的作用几乎到了忽略不计的地步,美国为中心的同盟体系在地区安全治理中继续占据着突出地位。在解决诸如朝鲜核武等挑战上,不是联合国而是大国协调("六方会谈")发挥着特定的危机管理的作用,东北亚地区严重缺少包容性的多边安全治理。

作为二战的战胜国,美英从自身统治世界的长远利益考虑设计了1944—1945年时的国际制度:联合国并不具有全球经济治理功能,担当全球经济治理的不是联合国,而是在联合国体系之外的国际经济组织,即管理国际货币关系的布雷顿森林体系(Bretton Woods system)和管理国际贸易的关税与贸易总协定(GATT)。20世纪70年代和90年代以后,布雷顿森林体系演变为国际金融机构(IFIs)和世界贸易组织(WTO)。无论是联合国还是国际经济组织,代表了二战后西方(欧美)在全球治理中的主导地位。也就是说,美欧不仅处在设计或者制定全球治理的国际规则的地位,而且控制或者主导国际机构。其他国家,即使是诸如中国这样的世界大国,也大多不是国际规则的制定者。这就使现有国际机构的正当性(legitimacy)问题——非西方国家的代表性、发言权、决策权问题越来越突出。1944年以来,美欧分别牢牢控制了世界银行(WB)和国际货币基金组织(IMF),来自其他国家的人士试图担任世界银行和国际货币基金组织的最高主管,却都没有成功的先例。

20世纪60年代诞生的经济合作与发展组织(OECD)和20世纪70年代诞生的七国集团(G7)等西方为主的国际组织或者国际会议,在管理、调节和控制世界经济方面一直发挥着中心作用,但是,2008年发生的国际金融危机表明,这些机构或者组织已经无法应对全球性的危机。这一情况反映了系统性的、结构性的全球治理赤字。实际上,在1997年爆发亚洲金融危机后,一些西方国家的领导人(如时任加拿大财长后任加拿大总理的Paul Martin最早建议成立G20)就认识到现存的国际金融治理无法预防下一次金融危机,于是,在G7等的提议下,1999年成立了包括中国等"新兴经济体"在内的二十国集团(G20),但是,G20的参加者仅限于19个最大的经济体和欧盟的财政部长和中央银行行长的会议。2008 年,升级为国家领导人会议(政治峰会)。不过,G20 峰会在 2008—2010 年期间,主要是一种临时性的危机管理机制,还不足以解决长期的深层次的全球金融治理赤字问题。为了正视全球经济治理赤字,从 2011 年以后,G20 试图逐步走向全球经济治理的“长效解决机制”。本文后面的分析将说明,为什么 G20 是填补全球治理赤字的有效方法。

在 1945 年以前绝不存在或者并不严重的全球性挑战,在 20 世纪后期以后逐步明显化,且日益严重,例如气候变化和恐怖主义。而全球公共资源——公域(global commons)——尤其是公海(high oceans)、大气层(atmosphere)、外层空间(outer space)、极地(Antarctic)和网络空间(cyberspace)等对各国和各社会的生存、发展越来越重要,却严重缺少权威而有效的全球治理,有关的国际规则和国际机制不是多样而混乱、冲突,就是不成熟、不完善。各国,尤其是有实力的大国对全球公域的争夺加剧。

总之,国际公认的结论是,全球治理赤字是现实,我们这个全球化的世界需要全球治理却严重缺少全球治理,目前的全球性机构没有发挥出全球治理的应有作用。

为什么会发生全球治理赤字？

全球治理是关于全球针对上述共同挑战和威胁的“国际集体行动”。一些谈论全球治理或者提及全球治理的人往往忽略了或者没有足够强调全球治理的“国际集体行动”性质。任何单一国家或者国家集团（如欧盟），即使为超级大国（美国）或者最一体化的地区组织（欧盟），其政治家、学者和非政府组织也承认，美国或者其他国家不可能单独行动，即除了国际合作，任何一个国家或者国家集团已经不可能单独成功地解决世界上存在的严重问题。

讨论全球治理及其赤字离不开对全球化的深刻认识。从20世纪70年代末开始，中国、印度等世界上人口最多的国家逐步全面参与全球化，如今已是全球化（进程）中的最主要的国家行为体。经历了全球化飞速发展的20世纪90年代和21世纪第一个10年，由于各国内部和国际的各种因素，如今全球化在减速、减弱，甚至停滞。但全球化的减速并不意味着全球化的深远影响就可以忽略。我们现在生活的世界已经是全球化的世界。这一点是确定无疑的。全球治理就是对全球化带来的挑战和问题的管理。①

全球化,尤其是经济意义上的全球化,其主要驱动力量无疑不是别的,而是市场或者资本,以及由市场或者资本驱动的技术革命,但市场、资本、技术变革等并非新现象,其在工业革命以来已多次发生。全球化在带来世界经济繁荣、技术进步和对人们生活方式的改善与改变的同时,已产生问题。当代的全球化的问题和以前全球化带来的问题在形式上不同,但在本质上是几乎一致的。前 WTO 干事拉米和前世界银行副行长高定(Iran Goldin)在其联合署名的文章中指出,“(世界)未来的不确定性和风险很大”。世界的不确定性和风险有的来自于我们世界取得的成功,例如“不断上升的收入,人口增

① 2000 年,著名自由制度主义国际关系理论大师基欧汉(Robert O.Keohane)在担任美国政治学会(American Political Science Association)会长时发表了就职讲座《在部分全球化的世界的治理》,在 2001 年,基欧汉的长期研究合作伙伴、著名国际关系理论大师约瑟夫·奈(Joseph Nye)主编了论文集《全球化世界的治理》(中文版:世界知识出版社 2003 年版),强调全球治理就是对全球化的管理。

长,人类和各社会的相互依存以及技术进步”,这导致环境恶化、气候变化,有的则来自“地球自然资源的急剧减少,不断增加的社会不平等,以及对新技术的滥用”。他们忧心地指出,对于全球,一些挑战是灾难性、毁灭性的。[①] 全球化带来的问题到底如何进行治理?这一课题是冷战结束后国际社会面对的最大挑战之一。之所以说存在着全球治理赤字,就是世界尚未找到解决全球化带来的问题的有效办法。不过,这一情况也许将得到改善。因为人们普遍认识到全球治理赤字及其危害,也在寻求新的方法解决全球治理赤字。

历史上,解决问题主要是在民族国家——古典的政治体制——范围内,但是,全球化使大多数、主要的问题都变成全球的,在一国范围内,即使对问题有所解决,也不是一劳永逸的,而在大多数情况下,解决问题取决于国际合作。因为问题变得不再仅仅是局限在一个国家范围内,而是使所有国家都置身于同一个“大海”之中。气候变化、传染性疾病、金融稳

---

① Pascal Lamy and Iran Goldin, “Rethinking International Institutions”, 2013. See: https://www. project-syndicate. org/commentary/pascal-lamy-and-ian-goldinpropose-mechanisms-for-improving-global-governance-and-cooperation.

定、网络安全等，只有全球集体行动才能控制或者解决。①

冷战结束后20多年来的关于全球化和全球治理的讨论得出的最重要结论之一是：要解决民族国家存在的各种问题，恰恰要超越民族国家体制。当前，在世界范围内，民族主义（国家主义）回潮，但是，民族主义回潮恰恰是因为全球化已经深入到了几乎不可能逆转的地步，改变不了从20世纪70年代以来世界相互依存（interdependency）的现实。目前，全球化中的相对或者绝对受害者、失败者等通过其所在的国内政治进程向全球化施加作用，反对目前的地区治理机构（如欧盟）和全球治理机构（如国际货币基金组织和世界贸易组织）进一步推动的全球化（“反全球化”），这使得以地区组织和国际经济组织为代表的全球治理变得困难。2016年，要求英国脱离欧盟的英国选民和美国大选中主张美国回到“孤立主义”和排外的选民恰恰更需要、更希望民族国家（英国或者美国）的保护和救济，而不是更需要、更希望改进了的全球治

① Pascal Lamy and Iran Goldin, "Rethinking International Institutions", 2013. See: https://www.project-syndicate.org/commentary/pascal-lamy-and-ian-goldinpropose-mechanisms-for-improving-global-governance-and-cooperation.

理。全球治理距离他们很远,他们也不能通过手中的选票影响现有全球治理机构的决策以更有助于改善其处境。所以,这形成了一个深刻的全球治理困境。

在国家和国家组成的国际体系(国际社会)仍然存在的情况下,真正的全球治理其实严格地说并不存在,只存在国际治理。目前人们把全球治理与国际治理相提并论,反映了对全球治理的迫切需要和希望推动国际治理走向全球治理。然而,国际治理转型为全球治理并不容易。正是目前的国际治理,即国际(国家之间)体制,而不是全球体制,是导致"全球治理赤字"的根本原因。Pascal Lamy 和 Iran Goldin 指出,国际体制依靠国际合作,国际合作的形式是条约、准则、交易、制度和项目,它们构成国际体制的砖瓦和柱子。① 这些合作都取决于民族国家的主权是否有意进入或者退出,尽管许多国际计划(如欧盟、世界贸易组织等)的"退出"(exit)非常难,甚至事实上没有"退出机制"。截至目前的世界历史,只有世界

① Pascal Lamy and Iran Goldin, "Rethinking International Institutions", 2013. See: https://www. project-syndicate. org/commentary/pascal-lamy-and-ian-goldinpropose-mechanisms-for-improving-global-governance-and-cooperation.

大战和大屠杀才导致了欧洲在1945年以后下决心摆脱17世纪后期逐步形成的威斯特伐利亚体系(Westphalia system)。但是,世界范围内,联合国体系仍然是建立在威斯特伐利亚体系最重要的国家主权基础上的。欧盟是后威斯特伐利亚体系(post-Westphalia),但是,尽管如此,英国决定脱离欧盟表明,欧盟的未来是不确定的。建立欧盟避免世界大战的和平初衷正在欧洲逐渐被人们遗忘,和平被视为当然,欧盟成为民族主义、民粹主义的批评对象。

全球治理赤字的另一个原因是全球化产生了新的利益相关者,这些新的利益相关者,尤其是新兴经济体(包括中国、印度、巴西、土耳其等),也产生了对全球治理的强大需求。这些国家越来越依赖国际贸易和国际移民管理,依靠宏观经济政策的国际协调。于是新兴经济体纷纷全面参加已有的国际组织,给已有的国际组织的结构(包括权力结构)带来巨大的冲击。在国际体制内部的新兴经济体要求改革国际体制,几乎没有不要求改变的新兴经济体。印度、巴西等强烈要求改革联合国安理会,而中国等则强烈要求改革国际金融组织。从西方的角度看,新兴经济体在现有国际治理体制内要求改革确实是一种挑战,带来了现有国际体制的不稳定。在国际体制的转型(包括其权力结构的转型)时期,一方面,一些新兴大国热衷于国际治理中的权力转移而并不真正在乎全球治理,另一方面,原来主导全球治理的西方国家担心新兴国家对其统治世界的工具——国际制度的冲击。总之,在现存的国际体制中,无论是老牌大国还是新兴大国,争权夺利而不是寻求真正的全球治理,新兴大国崛起在现有国际体制中却没有导致新的国际秩序,这是全球治理赤字存在的一个根本原因。

到底如何填补全球治理赤字?

全球治理本质上是最为困难的。全球化的世界要求整体的和综合的解决方案(全球政策),但各国分立,宏观政策的协调与合作又十分困难。大国之间很难达成一致去管理全球化。拉米指出,目前的全球治理赤字,可能将长期存在。① 英

① Pascal Lamy, "The Raymond Aron Lecture: Is globalization in need of global governance?", Washington: Brookings Institution, October 28, 2013. See: http://www. brookings. edu/~/media/events/2013/10/28-global-governance/20131028_aron_lecture_lamy_remarks.pdf.

国谢菲尔德大学政治经济学研究所(SPERI)所长佩恩(Tony Payne)指出了一个常常为之忽略的“最大问题”:西方国家的领袖其实并“不想要有效的全球治理”! 这一观察是惊人的。为什么? 佩恩认为,这是由全球治理的性质决定的。全球治理意味着公共(公众)治理,意味着指导和调控,意味着控制过度的金融和资本主义,意味着全球对全球经济的引导,一句话,他认为,全球治理本质上是一个社会民主概念,而不是任何其他意义上的。主导目前国际体制的国家领导人并不想要这样的全球治理。一方面,他们认为全球金融、投资和贸易要基于规则,但另一方面,他们更情愿私有化、公司化类型的全球治理,例如正在进行中的《跨大西洋贸易和投资伙伴关系协定》(TTIP)谈判。一句话,全球治理仍然取决于世界上最强大的国家的作为。①

不过,全球治理的高难度并不意味着全球治理就不可能。全球治理赤字是可以填补的。

---

① Tony Payne,“The Coming Crisis: why global governance doesn't really work”, 2016, http://speri.dept.shef.ac.uk/2016/06/15/the-coming-crisis-why-global-governance-doesnt-really-work/.

目前,总体看,改善和填补全球治理赤字的方法基本上有三个:

第一个是改革现有的全球治理及其体制(全球性机构或者制度)。改革的目的是使这些已有的机构民主化和正当化(合法化)。所谓民主化,有两个含义,一个是按照《联合国宪章》的原则实现中国、印度、欧盟等在20世纪90年代末就提出的"国际关系的民主化"或者"民主化全球治理";一个是在"国际关系民主化"或者"民主化全球治理"的基础上,充分发挥非政府的、社会(公众)的力量对全球治理的参与。所谓"正当化"即现有的国际体制(国际组织)中的大国主导或者超级大国(霸权)和弱小国家的代表性不足的局面需要改变。目前,对联合国尤其是安理会的改革陷入僵局。但是,正是这种对联合国及其安理会的改革,使联合国及其安理会不得不寻求其存在的正当性,提高其效能和效率,履行联合国的使命,尤其是在推动全球治理的转型、改善全球治理赤字上发挥更大的作用。可以说,改革联合国及其安理会是大势所趋、不可避免。现在的问题不是联合国是否应被改革,而是如何改革。尽管一些联合国成员以这种或者那种理由拖延改革,一些联合国成员谋求在安理会中的更大的作用却并非为了全球治理,而是为了其狭隘的“国家利益”,但改革的不废弃或者坚持有助于联合国本身在解决全球治理赤字上加强作用。国际金融组织的改革在 2008 年国际金融危机后已经取得进展,但这些进展距离“现代化”这些老旧的国际机构仍然很远。世界贸易组织的改革也在进行之中,但是,目前的地区性或者跨地区性(如跨太平洋和跨大西洋)贸易与投资安排,以及最大经济体之间的双边经济安排,对 WTO 构成挑战,同时又在为以 WTO 为中心的下一代全球贸易治理的形成奠定基础。

改革已有的全球治理机构需要在方法上进行创新。英国牛津马丁委员会(Oxford Martin Commission for Future Generations)就在努力探讨新的全球治理改革的方法,提出了创新解决方案以集体地抓住超常机会并管理空前的全球化世界中的不确定性和风险。该委员会认为,关于全球治理的变革,激进地取得进展的可能性不大,选择必要的变革,才是现实的。即使是必要的变革,也不会一夜之间取得进展。最关键的是,在全球范围的各国政府、商界和公民社会着眼长远,以持久和平、可持续的繁荣、包容、公平为目标,取得最大限度的共识并采取最大限度的集体行动。①

第二个是充分发挥联合国和联合国成员国的主导作用。联合国不畏艰难,在气候变化和可持续发展方面取得了进展。历经长期的曲折,气候变化终于取得了阶段性的重大进展,达成《巴黎协定》,构成全球治理的一个重大转折点,树立了全球治理的最新典范。当然,对这一重大全球协议的贯彻执行并不乐观。国际知名气候变化政策专家、国际环保组织绿色和平全球总干事摩根(Jennifer Morgan)认为,《巴黎协定》是多边主义和气候行动的成功开始:首先,把全球治理,如气候治理建立在经济可行的基础上。让全球治理在经济上对国家和国家内部的各种经济力量具有吸引力,符合市场的规律,即让全球治理"具有经济性"。在气候变化问题上,就是"具有经济性的零碳经济"。"在实体经济上,向低碳经济的转型正在切实地以更具有经济性的方式发生。得益于诸如德国和中

① 牛津马丁委员会报告:《为了未来世代的长远未来》,2014 年。见:http://www.oxfordmartin.ox.ac.uk/downloads/commission/Oxford_Martin_Now_for_the_Long_Term.pdf。

国这样国家的政策驱动，可再生能源的价格有了大幅下降；同时包括中国在内的很多国家减少了对煤炭的消费。从2009年哥本哈根世界气候大会到2015年底的巴黎气候谈判大会，上述因素导致了两次大会的结果有很大不同。曾经被视为威胁经济发展的诸多因素，现在都变成了新经济发展的核心驱动力。此外，对于气候变化所带来的对基础设施的影响和对农业的影响，人们现在已有了比以往更深刻的认识，这也促进了实体经济向低碳经济的转型。”其次，一些关键大国国内政策的转变最为重要。摩根认为，从2009年到现在，美国从一个几乎没有针对气候变化的政策的国家，到现在已经有了全国范围内具有约束力的《气候行动计划》，并且总统奥巴马在尽可能地从各个领域来推动对气候变化的相关政策，无论是国内还是国际上。毋庸置疑，美国还需要作出更多努力，但是美国的行动意味着其他国家再不能把美国的“不作为”当作自己的挡箭牌了。再次，国家间的协同互动也是促成巴黎气候谈判成功的因素之一。中美之间就是这样。从数据上来说，中美两个排放量排名数一数二的国家理应如此，但从政治上来说，也是如此。摩根认为，中美的气候立场转变和合作的一个重要原因是其他国家对中美的推动。事实上,中美都需要这样的国际动力。小岛国所组成的“气候脆弱国家论坛”(Climate Vulnerable Forum)所作的共同努力推动了中美等大国“做出了超出计划的承诺”。①

第三是大国协调、大国合作、大国带头。如上所述联合国主导的气候治理的进展,大国合作也最为重要。再以全球金融治理为例,大国合作也至关重要。G20 是一个相对有限的但成功的大国协调。② 1999 年成立的 G20,一直到 2008 年,都仅是一个新的国际金融论坛,由 19 个最大的经济体和欧盟的财政部长和中央银行行长参加。所谓“新”,就是吸收“新兴经济体”,如中国、韩国、印度、印尼、沙特、巴西、南非、墨西哥、阿根廷等参加现有的全球金融治理机制。2008 年,为应付美国为中心的金融危机,G20 被美国、英国和欧盟建议升

① 见摩根(Jennifer Morgan)在清华—布鲁金斯公共政策研究中心的演讲,北京,2016 年 7 月 15 日。

② 德国发展研究所 Thomas Fues 和 Dirk Messner 的简报《G20:大国协调抑或全球福利的卫士?》的报告,2016 年。一般来说,从大国协调的角度看待 G20 的论文很少。这篇报告从大国协调角度理解 G20。见:http://www.die-gdi.de/briefing-paper/article/g20-concert-of-great-powers-or-guardian-of-global-well-being/。

级为国家首脑会议（政治峰会），并首先在美国华盛顿和英国伦敦举行了前两次峰会。奥巴马政府上台后，2009 年在美国匹兹堡举行了第三次 G20 峰会。即国际自金融危机爆发到匹兹堡峰会，不到一年时间，G20 举行了 3 次峰会。于是 G20 峰会被叫作应付金融危机挑战的大国合作的“危机管理机制”。尽管如此，G20 实际上仍然由欧美主导，具体来说，由德国、法国、意大利和欧盟以及英国、美国、加拿大、日本等主导。G20 中的“新兴经济体”，在 2009 年后组成了金砖国家合作组织（BRICS）。BRICS 领导人在 G20 峰会也举行协调会。但是，G20 内部，G7 和 BRICS 很难形成某种均势。在“危机管理”时期结束后，即 2010 年以来，G20 的协调与合作有限，议题转到相对容易的经济增长的新动力、基础设施投资、就业等上面，在全球重大宏观经济政策的协调上并无大的突破。G20，没有变成匹兹堡峰会声明宣称的“国际经济合作的主要论坛”——即国际经济论坛的论坛和“全球经济的指导委员会”。与此同时，G7 继续在全球经济治理中发号施令，尤其是 2016 年日本轮值 G7 主席国期间，G7 显然被日本绑架，要与中国担任主席国的 G20 杭州峰会一决高下。①

第四是建设新的国际组织(国际制度)。改革现存国际体制即使完全到位,也无法解决全球治理赤字。改善全球治理赤字的重大举措是要建设新的国际机构(国际组织)。事实上,目前存在的在全球层次上的政府间国际组织(包括诸如七国集团和二十国集团),其大多数并非1944—1945年期间诞生的所谓“二战后”国际安排,而是新兴的国际组织。但问题是,这些新兴的国际组织大多数仍然是由欧美创设或主导的,例如经济合作与发展组织(OECD)、国际能源署(IEA)、国际原子能机构(IAEA)、国际移民组织,至于金融稳定委员会则完全是G20主导下的新近产物。这里的一个问题是,非西方国家在创设、建立和主导新的国际组织方面是严重落后的。落后的主要原因当然是非西方国家仍然主要以加入现有的西方主导的国际组织为主,无力(无论软实力还是硬实力)组织新的国际组织,但一个更重要的原因是西方并不希望非西方国家出面发起和组织新的国际组织。中国发起

① 庞中英、刘敬文:《G20与全球经济治理的转型》,《当代世界》2016年第8期。

成立的亚投行引起的巨大国际争议和美日的反对,就清楚地说明了这一点。

实际上,世界对于新的国际组织的需求巨大。中国发起的亚投行得到了包括欧洲主要国家的支持。如果要解决迫切的全球问题(如气候变化)、保证发展的可持续性、保护全球公域,世界需要更多的国际组织。

第五是重视非国家行为体和各种网络在填补全球治理赤字中的作用。在全球范围和全球层次上,继 20 世纪末期以来的大增长之后,新的政治行为体仍然在涌现(这是所谓"(国际)权力扩散"的主要内容)。这使得全球治理的政治权威结构在发生着重大的变化。在与民众切身利益相关的环境领域,这一点很明显。非政府组织、跨国公司、有组织的跨国科学研究网络(认知共同体)、新兴国际组织和地区组织等等在各国的存在和表现情况各异。1945 年以来,尤其是 20 世纪 70 年代以来,诞生了许多新兴的国际组织,这些国际组织也是重要的国际行为体。但一些国际组织资金缺乏、机构重叠、人浮于事、官僚主义、负担沉重、结构过时或者地理位置不便于其全球活动。新的复合性的非集权的国际治理体制正在出现,各种各样的行为体在不同的层次上参与介入治理。但非国家行为体的不确定性很大,其与国家行为体的冲突、其合法性、其可持续性等都是问题。采取治理的非中央集权的网络方式,全球治理可能取得进展。

中国与全球治理赤字的解决

仅从经济的角度看,从 20 世纪 80 年代以来,中国对全球治理的需求一直在上升,最近几年,伴随着中国与世界形成了世界经济史上新的最大的相互依存(世界上大多数国家以中国为其主要甚至最大的贸易伙伴)、世界经济自 2008 年以来一直没有走出增长的困境、中国经济如同其他“新兴经济”一样也在探索如何转型和升级,中国更加需要全球治理。

但是,正是中国最需要全球治理的时候,全球治理赤字状况总体上并未改善,尽管有一些全球治理的进展(如 G20 进程的继续、IFIs 改革的继续、气候变化治理取得进展等)。将势必加剧全球治理赤字的是,全球化当前正在遭到重创。尤其是在欧美,“地方的和国家的认同在重新得到加强;要求更大的民主控制和责任性;中间主义政党遭遇冷遇;对精英和专家普遍不信任”。[1] 这势必恶化全球治理赤字。

中国参加全球治理需要清醒地意识到全球治理赤字,并对全球治理赤字进行客观与科学的评估。中国是国际政治体系的所谓“新兴大国”和世界经济体系的“新兴经济体”,全球治理赤字有助于中国明确自己在未来全球治理中的作用。

目前,在现有世界秩序下,在国内面对巨大的治理任务的情况下,中国也应积极发挥作用填补全球治理赤字。第一,中国外交政策的原则是加强全球治理:继续参加全球治理(参加者)、改革、补充、发展、完善已有的全球治理(改革者)。中国还没有到创建中国主导下的国际经济秩序的时候。作为改革者,中国应该继续推动国际机构的改革,尤其是推动国际金融组织和多边贸易体制(世界贸易组织)的改革。中国要强调,改革全球治理不仅是行政管理方面的,即提高国际组织的

① Dani Rodrik,“The surprising thing about the backlash against globalization”,World Economic Forum,15 July 2016,see:https://www.weforum.org/agenda/2016/07/the-surprising-thing-about-the-backlash-against-globalization? utm_source=feedburner&utm_medium=feed&utm_campaign=Feed%3A+inside-the-world-economic-forum+(Inside+The+World+Economic+Forum).

效率,也包括政治方面的,即促进国际组织的民主化和正当化。国际经济组织不能只要求中国等“新兴大国”只做贡献而不相应提高其在国际经济组织中的地位。第二,中国需要继续发起成立新的国际机构和国际安排(建设者)。亚投行的建立和开始运行,是一个成功,有许多经验可以总结,但是,仅有亚投行是不够的。全球治理之所以有赤字,是因为欧美国家发起的全球治理机构越来越少,而中国等国家只是刚刚真正开始发起成立全球治理机构。在对待中国发起的国际机构和国际安排方面,一些国家以中国挑战既有秩序为借口,不去支持,反而指责,这对于化解全球治理赤字非常不利。与美日不同,大多数欧盟国家和英国参加了亚投行等中国发起的国际组织,这是一个积极进展,有助于增加中国发起的国际机构和国际安排的国际正当性。第三,弥补全球治理赤字,大国合作最为关键。中国作为大国要推动大国协调(协调者),在全球治理的至关重要的领域,与其他大国合作。中国与美国、中国与欧盟、中国与印度、中国与巴西、中国与非盟、中国与南方共同市场等的协调与合作都是战略性的、重要的。中国要与有意愿在全球治理中承担更大责任、发挥更大作用的国家,如欧洲的德国、南美的巴西等形成全球治理合作伙伴关系。G20 不是最优安排,但确实是较好的安排,2016 年中国担任 G20 主席国之后,G20 的未来成功不在于其使命超越金融和经济有多远,而是继续以全球金融治理为主,促进世界经济达到可持续增长的长期目标。

结　　论

赤字及其增加的势头说明全球治理的艰难时势。缓解甚至减少全球治理赤字要依靠多边主义的回归和多边合作的加强,也依靠现有国际组织的正确改革方向。但大国在解决全球治理赤字中的作用十分关键。在美国等在解决全球治理赤字中的政治意愿、能力、责任承担下降的情况下,中国要在全球治理中发挥重大作用,这当然是全球治理最好的消息。解决全球治理赤字是中国进一步嵌入(embedded)现有世界秩序的最好机会。中国在全球治理中的作用是四个:参加者、改革者、建设者、协调者。如果这四大角色在相当程度上到位,相信全球治理赤字的状况将得到重大改善。不过,中国需要清醒意识到为什么全球治理存在赤字,不能低估全球治理赤字以及国际合作的高难度,切忌简单化认识全球治理并对全球治理叶公好龙。否则,中国对全球治理的大投入也难以改变全球治理赤字状况,反而有可能进一步加剧全球治理赤字,如加剧全球治理的多元化状况。

中国与世界秩序的关系：“另起炉灶”与“不是另起炉灶”

主要来自中国传统生活方式的“另起炉灶”是一个重要的词，值得从学术上认真和深入探讨。

研究中国与国际秩序之间的关系，“另起炉灶”可能是一个非常有用的理论、方法与经验。尽管有人对“另起炉灶”避之、否定之，但“另起炉灶”一直是中国（1949 年以后至今）与在国际层面上发挥着“统治”（domination）、“治理”（governance）①

① 政治学中，在国内政治意义上，“统治”的英文对应词是 government。这里讨论的不是国内政治，而是国际政治。国际政治中不存在世界政府（world government），但存在世界统治（world dominance or domination）。世界治理、国际治理或者全球治理这些都是成立的。秩序在国际、世界或者全球层面是为了统治或者治理的。由于统治越来越不得人心，也难以达成效果，治理成为统治的替代而越来越流行。中国 1979 年以后与国际秩序的“接轨”和“融入”主要是为了中国的（经济）发展（增长），而国际（世界）秩序确实是中国发展的主要（外部）因素、条件。

以及“发展”(增长)作用的世界秩序之间的关系中的一个挥之不去的因素。也就是说,尽管今天的“另起炉灶”与1949年说的“另起炉灶”大不同,今天的“另起炉灶”的一个最重要起源却是1949年的“另起炉灶”。

1949年,中华人民共和国成立。中华人民共和国的外交当然是“革命外交”。外交革命的行动之一就是“另起炉灶”。值得指出的是,在今天的中国外交(中国对外政策)中,这一“革命”的延续或者遗产,虽然经过了“改革”但仍然存在。

习近平以“改革开放”为标志,把1949年以来到现在的中国历史划分为两个阶段:“改革开放前后两个时期”,即“两个三十年”。[①] 他把这两个时期“对接”,认为“两个时期不能相互否定”。这一点可能是理解目前中国政治,包括中国外交的一个关键点。本文提出的一个问题是,如果把前三十年看成是“革命”定义的历史,后三十年是“改革”定义的历史,

---

① 中共中央党史研究室:《正确看待改革开放前后两个时期:学习习近平总书记关于“两个不能否定”的重要论述》,《人民日报》2014年11月8日。

根据习近平“两个三十年”的理论，现在中国正在进入“革命加改革”的历史阶段？

当然，1949 年的“另起炉灶”是有一个前提的，那就是“一边倒”，即“新中国”加入苏联“阵营”，成为苏联组织的世界秩序的一部分。① 苏联及其组织的世界秩序是不同于美国组织的世界秩序的。“另起炉灶”不仅包括中国要建立新的对外政策和机构（包括新的中国外交部），而且加入与“旧中国”——即中华民国属于的国际体系和世界秩序完全不同的另一个世界。1949 年，美苏之间冷战进程正处在初期阶段，中国大陆和台湾在全球冷战格局下势不两立。

21 世纪的现在的中国再次谈论“另起炉灶”，不管是主张还是否定“另起炉灶”，都是耐人寻味的现象：在经历了 20 世纪末期（20 世纪 70 年代到 90 年代）之后的“去（1949 年的）另起炉灶”、“对外开放”、“加（融）入国际体系”、“（与国际）接轨”、“国际化”和“全球化”等之后，中国外交是否正在进行

① 1949 年后，毛泽东逐步形成了“外交三原则”。第一个是“一边倒”。第二个是“打扫干净房子再请客”。毛泽东在 1958 年 6 月说：“要关起门来，自力更生地建设社会主义”。第三个原则是“另起炉灶”。见牛军：《冷战与新中国外交的起源（1949—1955）》第一章，社会科学文献出版社 2012 年版。

着另一种或者新一种“另起炉灶”?

中国提出和推动“一带一路”和组建亚投行(AIIB),很快就被评论为中国“另起炉灶”。美国桥港大学(University of Bridgeport)东亚与环太平洋研究中心卫纯娟教授认为,成立金砖国家新发展银行、亚投行等,这根本是毛泽东当年的“另起炉灶策略”。[①]“由金砖五国(巴西、俄罗斯、印度、中国和南非)倡导建立的新开发银行于去年正式成立,成为第一个由新兴国家主导的重要国际金融机构。”[②]

而金砖银行首任行长卡马特就认为金砖银行是世界银行等之外的另一种国际金融机构,为世界提供了另一些替代性的选择(alternatives)。[③]

从政治上、外交(包括公共外交和“外宣”)上说,中国否

---

① 向骏:《亚投行是现代版“另起炉灶策略” 中国应放弃不结盟》,http://opinion.hexun.com/2015-03-27/174456524.html。

② 斯蒂格利茨语,见 http://www.guancha.cn/SiDiGeLiCi/2016_01_14_347995.shtml。

③ K. V. Kamath, “The New Development Bank BRICS (NDB BRICS), formerly referred to as the BRICS Development Bank, is multilateral development bank operated by the BRICS states(Brazil, Russia, India, China and South Africa) as an alternative to the existing U. S. - dominated World Bank and International Monetary Fund.” See http://ndbbrics.org/index.html.

定“一带一路”和亚投行等是“另起炉灶”的观点，公开声明这些“不是另起炉灶”。① “不是另起炉灶”是中国外交话语体系中新增加的一个“不”字。中国此前已经有了许多这样的“不”字打头的“外交原则”，例如“不干涉别国内政”、“不结盟”、“不带头”、“不首先使用核武器”、“不输出政治意识形态”、“（对外援助）不附加政治条件”等。这一新的“不”外交是为了“增信释疑”。

本文认为，“另起炉灶”才是当前中国外交的真正内容与形式。那么，当前的“另起炉灶”到底是什么和意味着什么？

第一，“另起炉灶”代表的是中国外交在理论与实践上的转变或者转型，即“另起炉灶”是外交政策转变的标志。如果没有“另起炉灶”的战略、政策和行动，也就谈不上外交政策转变或者转型。“另起炉灶”表明，中国正在从“不”外交、“不”完全外交（以经济为主的外交或者利益引导或者主导的外交）等到“是”外交、比较全面的外交的方向转变。遗憾的是，在这种转换中，“不”没有完全退出，而是以“不是另起炉

① 王毅在美国战略与国际问题研究中心的演讲《发展中的中国和中国外交》，2016 年 2 月 26 日。

灶”等形式继续存在。

第二,“另起炉灶”说明中国对目前的国际秩序(包括国际规则、规范和制度)的态度发生了变化,这个变化确实不是全盘否定甚至颠覆、推翻现存的国际秩序,而是中国以一个“现存秩序”(existing order)一员(未必是全面的、深入的一员,而是有条件的、部分的一员。中国只是到了2015—2016年才加入IMF的特别数据标准和特别提款权)的身份要改变、突破现存秩序的局限性,提出了维持、改善现存世界秩序的方法:对现存秩序的改革。但是,任何改革,即使是必要的、有限的改革(如2010年在美国爆发金融危机后最需要中国的情况下通过的改革国际货币基金组织的方案,在“延误”5年后直到2015年12月美国国会才批准),也都是有限度(“高度”和“底线”)的。

第三,“另起炉灶”代表着中美关系的一个关键的战略性的变化点。从1979年中国与美国建交起,中国改革开放到现在已经有近40年的时间。在这一时期,美国政府(如财政部)和美国主导的国际金融机构(IFIs)在中国宏观经济管理、经济转型(从计划经济到市场经济)中发挥了一个关键作用。

在政治上,中国一直主张不干涉别国内政和反对别国干涉中国的内政,但在经济上,中国不反对或者抵制美国对中国的介入。这一作用导致中国被融入全球化(或者说加快了中国主动加入现存世界经济秩序的速度),甚至产生、创造了"中美国"(Chimerica)[①]这样的前所未有的世界历史(尤其是世界经济历史)。但这样的"中美国"引起了中国和美国国内政治上的反弹,导致中美经济(金融)一体化的复杂化。2009 年以来,有人提议形成中美两国集团(G2),中国不同意 G2;有人建议中美经济脱钩(decoupling),中国也没有同意。今天的"另起炉灶"难道是中美经济"脱钩"的一种?

第四,"另起炉灶"说明不仅要改革目前的世界(国际)秩序,而且包括建设新秩序。事实上,无论是从中国自身还是他者的角度看,中国发起、建设国际组织都具有一定(在功能层面)的革命性。当然,迫于压力,新建的机构(如亚投行)不幸真的做了现存秩序的"补充",即新建机构缩水为仅仅是对现有国际机构的补充,或者不得不把"补充"作为以退为进的策

① https://en.wikipedia.org/wiki/Chimerica.

略。中国为了缓解美国对成立亚投行的反对、抵制、担心而不得不在外交上告诉世界,“亚投行是对现有国际金融组织的补充”。[①] 很明显,如果仅仅做“补充”则实际上这种新建的国际组织意义就不大了。如果“(亚投行)成为了亚洲开发银行或者世界银行牵头项目的一个投资方”,[②]这就失去了建立亚投行的真正理由。

事实上,“另起炉灶”是一种常见的国际行为。许多国家都有这样的国际行为。美国当年带头建立布雷顿森林体系和在冷战初期援助欧洲(“马歇尔计划”是其中一部分)就是“另起炉灶”。欧洲国家建立欧洲联盟、非洲国家建立非洲联盟、亚洲国家搞“清迈多边货币协定”(CMI)、美国主导的“跨太平洋伙伴关系协定”(TPP)等等无一例外都是“另起炉灶”,而不是沿袭旧秩序。“另起炉灶”在一开始的时候往往充满争议,但只要“另起炉灶”的理由充足、前景看好,迟早这样的争议会得到平息,并被高度评价。20 世纪 60 年代,日本建立

① Jin Liqun, http://www.brookings.edu/events/2015/10/21-asian-infrastructure-investment-bank-jin-liqun.

② “经济学人”集团的微信号,2016 年 1 月 18 日,题目《亚投行要找准定位》。

亚洲开发银行(ADB),相对于世界银行,也是“另起炉灶”。当时也引起了争论,产生了各种意见。后来“事实证明世界银行和亚开行可以并存”。[①]

第五,目前中国的“另起炉灶”存在着巨大的经济上的理由(依据)。根据复旦大学经济学教授张军的观点,现存的世界秩序已经难以支持如中国这样的大型经济体的下一步经济增长。他认为,关于中国经济的乐观派和悲观派都忽略了一点:“决定中国经济前景的一个基本因素是世界秩序”。[②] 这是一个非常重要的看法。事实上,这个全球化的世界经济,现有的全球治理无法满足其治理和增长的需要。今日美国等对世界秩序的供给不足。中国带头建立新秩序或者推动建立新秩序,即贡献于全球治理,这是对下一步世界经济长期增长的根本贡献。

这类经济学角度的看法还有不少:“同意中国在货币体

① “经济学人”集团的微信号,2016年1月18日,题目《亚投行要找准定位》。

② Zhang Jun, “China's Pursuit of A New World Order”, http://www.project-syndicate.org/commentary/china-new-world-order-by-jun-zhang-2015-06.

系下一阶段起更深刻作用的行内人士是著名投资人乔治·索罗斯:‘我们现在的系统已经不行了,只有我们还没有完全认识到这一点。所以我们需要创建一个新的系统,现在正是时候……我们需要一个新的世界秩序,而中国需要成为创建进程的一部分。’在布雷顿森林委员会的一次会议上,他解释道,国际货币基金组织和世界银行现在已经‘失去了他们的垄断地位’。他指的是亚投行初建的巨大成功,吸引了57个国家作为创始成员。英国决定加入亚投行后,美国财政部前部长拉里·萨默斯先生写道:‘2015年3月将成为一个美国失去了全球经济体系大佬角色的历史时刻。我想不出在布雷顿森林后,还有什么其他事件可与此相比:中国通过努力建立起一个重要的新机构,而美国却未能说服他的数十位传统盟友不加入这个机构,英国首当其冲。’”①

第六,美国担心失去对现存世界秩序的垄断者(主导者)

---

① 转引自米卫凌(Willem Middelkoop):《中国推动美国走向金融洗牌》,http://www.ftchinese.com/story/001065920? full=y。

地位,而中国想从原来的国际规则的接受者和服从者变成制定者。这是中国外交政策转型的目标之一。中国"另起炉灶"可能导致两种国际情况发生:第一种情况是促进与美的合作。"另起炉灶"迫使美国接受中国,邀请中国与美国一同制定国际规则。这一情况正是中国一直希望的。第二种情况是加剧中美对抗。美国拒绝中国成为国际规则的制定者之一,也不与中国合作制定国际规则。目前,美国在有的领域确实已经与中国一同合作制定下一代的国际规则,例如气候变化,但在有的领域,美国则排斥和拒绝中国,如 TPP。亚投行作为"另起炉灶",产生了上述两种并存的结果:美国没有加入亚投行,却通过批评中国深刻影响了亚投行的筹备和初期运作进程。中国实际上不会忽视美国关于亚投行的担心。为人们忽视的一点是,美国通过亚投行中的美国盟国和世界银行等与亚投行进行间接合作。中国多次表态邀请和期待美国加入亚投行。但在美国接受中美合作共建世界新秩序之前,美国不会加入亚投行。

制约中国有效"另起炉灶"的主要因素:

第一个限制因素,中国外交转型的不确定性。目前,学界关于中国外交转变的概括之一是“外交转型”。“中国外交转型”成为一个热门议题。有人主张或者仅是客观观察中国外交的转型。当然,“中国外交转型”也受到一些人的否定(不主张中国外交转型和观察到的结果是中国外交没有转型)。否定者认为中国仍然应坚持邓小平确定的“韬光养晦”的外交指导思想,坚持一系列上述的“不”外交原则。尽管在实践上有许多内容可以归结为外交转型,但是,实际上,“外交转型”一词尚未进入中国“党和国家”的正式政策文件。而且,截至目前,即使认为中国外交转型的学者,对外交转型的根本方向也没有足够的描述、解释和预测。

从外交政策的指导思想(原则)上,判断中国是否“外交转型”有四个重要指标:

1. 国际干涉(国际介入)。一般地,对国际体系中的大多数国家,外交包括国际介入。当然,许多弱国和小国无力介入。“不”介入就使外交的形式和内容少了很多题中应有之义。美欧等国家的外交,介入是其主要内容之一。目前中国尚未放弃“不干涉(别国的内政)”,在有的情况下甚至继续重申“不干涉”,尤其是在处理与东南亚国家的关系(如与印尼和新加坡等），以及以“不干涉”抵制西方（美国）的干涉时。2014 年与 2015 年，中国高调纪念了“和平共处五项原则”（亚非会议）诞生 60 周年。2015 年，中国在纪念与印尼复交和与新加坡建交 25 周年时，重申了不干涉内政是中国与一些东南亚国家之间关系的必要条件。但是，中国在积极探索国际介入。这种探索不仅有北京大学王逸舟说的“创造性介入”，① 还有庞中英说的“有条件的、合法的介入”，尤其是在联合国和地区组织的授权下的介入。②

2. 盟友（同盟）。中国在国际上是有朋友的，但是缺少具有同盟性质、同盟关系的朋友。中国尚未放弃自 20 世纪 80 年代初以来逐步形成的“不结盟”。在实践中中国仍然批评美日等组成的军事同盟。中国也担心一旦与其他国家结盟会带来一些承担不了的同盟责任，失去外交政策的机动性和灵活性。但是，中国在 2014 年中央外事工作会议上首次提出

① 王逸舟：《创造性介入：中国未交的转型》，北京大学出版社 2015 年版。可惜，该书的英文题为“Creative Involvement”即“创造性卷入”。中国是介入而非卷入。一般情况下卷入是不得已的。

② Pang Zhongying，“China's Intervention Question”，*Journal of Global Responsibility to Protect*，2009.

“结伴”。“结伴”也许是走向结盟或者最终放弃“不结盟”的一个过渡内容和形式。与俄罗斯的关系可谓是“结伴不结盟”的最重要情况。中国越来越需要盟友,而不是相反。中国意识到在亚洲环绕中国的陆地和海洋国家中,“几乎没有什么真正的盟友”。

3. 对待国际现状(status quo)的态度。国际学术界在21世纪第一个10年曾争论过中国是否是“修正主义国家”(revisionist power)的问题。事实上,中国一度确实是维持现状的国家。20世纪80年代到21世纪前十年,中国对加入现存国际组织(国际机构)非常热衷,在加入有的国际机构时付出的代价不菲。但是,当中国全面加入现存国际机构(国际制度)后,中国在这些机构中的态度和作为就成为一个值得观察的议题。从2009年开始,在一些国际经济(金融)机构,中国试图成为对这些机构的改革者。现在中国把自己定位为现存国际机构的“改革者”。

4. 国际领导地位(作用)。中国仍然维持“不称霸”、“不带头”的外交原则,不仅如此,又加了一个新的提法,“国强不霸”,即不认同“国强必霸”。几年前,只有包括笔者在内的少数学者探讨中国的国际领导问题。[①] 不过,现在国际领导地位(作用)问题成为一个热门话题,甚至公开提出中国的国际领导作用(地位)问题。

第二个限制因素,中国的国际身份困境。一般认为中国是亚洲的地区强国。但这一点其实要打上问号。因为亚洲的其他大国和强国以及在亚洲拥有存在和影响的其他"域外大国"太多了。中国不算是拥有绝对性国际权力的地区强国。但作为地区强国的中国也有着越来越多的、延伸出去(也许不得不)的全球影响("走出去"战略)。在联合国安理会中国是"五常"之一。中国一度很少使用在安理会中的否决权,如今想使用却更加谨慎;而在国际金融机构,中国却不占有否决权,即使新建的国际金融机构,中国也不谋求或者难以享有否决权。不是发达国家,却被比中国欠发达的国家看作是发达国家,是相对发达的国家;不是南方国家,却在南方化(在中国一些地区,如广州和义乌有着很多来自非洲、南亚、中东等的国际人口)。

---

① 庞中英:《效果不彰的多边主义与国际领导赤字——兼论中国在国际集体行动中的领导责任》,《世界经济与政治》2010 年第 8 期。

第三个限制因素，中国与国际社会之间的复杂关系。根据国际关系理论"英国学派"奠基者布尔（H.Bull）关于世界（国际）秩序的理论，如果我们实证研究中国与现存世界秩序之间的关系，中国长期只在"国际体系"（联合国代表的国际秩序）中，而不在"国际社会"（美国和欧洲代表的世界秩序）中。西方一直用国际制度、国际规则和国际规范等治理中国，中国在其中并不一定感到"舒适"。关于舒适，在2015年3月举行的博鳌亚洲论坛上，习近平首次定义了"亚洲方式"为"相互尊重、照顾各方舒适度"。当然，国际社会的定义不是"英国学派"单方面说了算的，而必须是公认的。国际体系是多元的，多元的国际体系难以成为国际社会。中国属于国际体系，却不属于国际社会。正因为看到中国的这个"软肋"，日本开展以中国为对象的"价值观外交"，即以此减少中国在亚洲、非洲和南美的朋友。因为日本知道上述地区在经历"民主化"后，与中国更加不处在同一个国际社会。

有人可能以为中国应该组织一个国际社会。苏联当年组织了，但是苏联组织的世界秩序崩溃了。中国目前是否在组织一个国际社会？回答是肯定的。但是，"一带一路"和亚投行所涉及的、所包括的国家(地区)是否是一个国际社会?

第四个限制因素,美国的对华战略与政策。美国除了接受中国继续加入美国主导的世界秩序(如人民币加入 IMF 的 SDR)外,对中国新建的国际组织持有抵制和反对的立场。中国的"一带一路"也不包括美国。中国在主张与其他国家的"发展战略的对接",但"一带一路"等却不能与美国的世界战略"对接",即中国不能与美国在"一带一路"上协调和合作。此外,中国的"另起炉灶"在目前阶段还仅是"另起",缺少"炉灶"。这里的"炉灶"就是能够导致世界秩序的国际制度、国际规则和国际规范。如果对美国主导的 TPP 与中国正在推进的"一带一路"做一个详细的比较,就能说明这一重大局限。TPP 是关于下一代世界贸易规则的,即是关于下一代全球贸易治理。尽管 TPP 目前只局限在 12 个国家的范围内,也遭到了政客、非政府组织的抵制与批评。"奥巴马为新贸易协定争辩的方式更是显示出,其治下的政府与新兴全球经济高度脱节。他反复重申 TPP 将会决定 21 世纪贸易规则的书写者到底是中国还是美国。然而,正确的方式实则是,应由两国共同来制定规则,充分衡量多方意见,并且以透明的方式展开。奥巴马仍旧试图以旧方法来维持经济运作,即美国企业以自己为本、制定规则去控制全球贸易与投资。这对于任何一个坚守民主原则的人而言都是不可接受的。”①如果下一任美国政府仍然不与中国一起制定全球经济治理的规则和共建国际制度,则中国的“另起炉灶”受限很大。目前亚投行包括了大多数欧盟成员国和大多数新兴经济体,却不包括美国。这预示着“一带一路”、亚投行等成为中美冲突的因素。

上述制约或者限制因素表明了中国的“另起炉灶”到底能走多远。

结　　语

中国对全球治理的重视主要是今日的中国想要改革目前的全球治理,做全球治理的“改革者”,同时,中国又要建设未来的全球治理,即“建设者”。这两个角色与中国过去

① https://www.project-syndicate.org/commentary/hope-for-better-global-governance-by-joseph-e--stiglitz-2016-01.

(1979—2009年)的“参加者”角色是不同的。这令人想起和追溯1949—1979年间中国与国际秩序的关系。1949年,“另起炉灶”使当时的中国与世界的关系发生了革命性的变化,影响深远。现在,作为国际秩序的改革者和建设者,中国再次试图对现存国际秩序进行新的“另起炉灶”。新的“另起炉灶”不是革命,却可能带来比1949年“另起炉灶”更大的世界秩序后果。“另起炉灶”应该是解释中国在全球治理中的作用的最好理论。

实际上,中国在全球治理中的改革者和建设者角色是逐步发展过来的。2001年中国加入世界贸易组织(WTO)时,中国并非世界最大的10个贸易国家(trading nations)之一。但是,加入世界贸易组织15年后,中国已经是世界第一贸易大国,中国与全球贸易治理最为相关,中国不可能再满足于做全球贸易治理的参加者,而是试图成为全球贸易规则制定的一方。在中国和国际金融机构的关系中,2007年,中国宣布首次给世界银行的“国际开发协会”(IDA)捐资,标志着中国在世界银行完成了从受援国到援助国身份的转换。中国在世界银行谈判桌上的权力增大了,对世界银行发展原则与政策的影响力上升了。但中国在国际制度内部影响全球治理毕竟仍然是有限的，于是，中国试图"另起炉灶"做一些大的事情影响全球治理。

但是，中国在全球治理中发挥更大作用的雄心面对各种制约因素。这些制约因素最大的不是外部的，而是内部的。中国外交政策的转型也许要更加曲折。而在对待全球治理上，中国正在陷入一个可描述为"叶公好龙"的内在冲突（困境）中。中国的国内体制和国内事务仍然限制着中国在国际上担当全球治理的领导角色。现在和将来的全球治理的许多东西要求中国进一步内化为国内治理。中国实际上一直存在着对全球治理的抵制，这种抵制有着深刻的国内原因。一些力量抵制把国际规则和国际规范"内化"（internalization）为中国的国内治理。中国的做法是用全球治理"倒逼"（倒逼成为一种路径）国内改革。但是，我们知道，全球治理的许多规则必须得到参加全球治理的各国的接受和兼容。目前，无论在欧盟成员国还是 TPP 成员国，都存在着反对欧盟和反对 TPP 的努力。中国越是用外部的东西"倒逼"国内改革，就越有可能导致国内更多的反对全球治理的力量反弹。

历史上,很正常的崛起国家的对外行为是,“追求新的世界秩序”。对中国的世界行为最具有借鉴价值的是美国在崛起以后的世界行为。中国最感兴趣的“大国崛起”之历史经验是美国崛起。美国从第一次世界大战爆发到第二次世界大战结束期间也面对着中国今天这样的困境,但却是执着于探索和塑造世界新的秩序。① 一个真正崛起的大国,没有不追求、安排世界新秩序的。

中国在全球治理中的复合作用一直在导致全球治理的多元化(pluralization)。中国加入、融入和进一步融入现存的全球治理本身就使得全球治理多元化了,中国带头建立和主导一些新的全球治理的机构加剧了全球治理的多元化。穆斯林加入欧洲后,不会变成基督徒或者无宗教的人士,欧洲不可能让穆斯林改变信仰和生活方式并接受欧洲的一切。在多元化(作为动词)世界的同时,中国自身的对外政策因为全球治理的国际规则和国际制度的引进而充满冲突、矛盾,中国内在的协调变得重要但困难。多元化的中国和多元化的全球治理之

① 王立新:《踌躇的霸权:美国崛起后的身份困惑与秩序追求(1913—1945)》,中国社会科学出版社2015年版。

间的关系是一个值得研究的课题。

最后,习近平确定了为实现中国的国家目标(中国梦)的“两个一百年”的时点,即2021年中国共产党成立100周年和2049年中华人民共和国成立100周年。① 这两个时点上,如果中国梦成真,则中国与世界秩序的关系与今天更加不同。一个未来导向的研究任务是,2021年和2049年时中国与全球治理的关系如何影响全球治理进程。

(本文为作者在2016年2月15日于新加坡南洋理工大学举行的“多元化全球治理”(Pluralizing Global Governance)国际研讨会的发言论文,原文是英文)

① 在中国共产党成立一百年时全面建成小康社会,这是中国梦的第一个宏伟目标;在中华人民共和国成立一百年时建成社会主义现代化国家,这是中国梦的第二个宏伟目标。

因应世界秩序转型的中国外交

进入 21 世纪第二个 10 年,具有影响力的外国精英在各种场合,包括其著述,普遍地认为“中国已经崛起”,尤其是,在欧美日从 2008 年金融危机以来的经济和社会衰退中,这种“中国已经崛起”的论调甚嚣尘上,甚至鼓吹中国具有在不久的将来取代美国的态势。与外国人的“中国已经崛起”形成鲜明对照的是,许多中国人,尤其是实事求是的严谨学者,却认为中国距离真正意义上的“崛起”还很远。笔者一直认为,我们面对的是三类问题:长期历史遗留下来的问题、“改革开放”过程中带来的问题、正在生成且不断增长的挑战。这些问题是一个长长的清单,它们相互关联和复合。中国之内外世界对中国在当代世界处境的不同感受和判断,可能使中国外交向何处去的问题更加复杂。

这里不去介入中国是否已经“崛起”的讨论,而是想指出下面一点:不管向何处去,眼下的外交处境,影响未来的外交方向。眼下的外交困境是什么?这还不是什么美国实际上以中国为主攻方向的“再平衡”,也不是日本新右翼对中国的进攻,以及中国一些“周边”邻国与中国关系的新紧张。那么,中国的外交困境是什么?中国外交的困境是上述三类问题在一个特定时空的集合,主要是自我形势判断和政策选择的结果。

经历了最近20多年的以“不”为标志的外交理论与外交实践,中国不能“不”下去了,但又不知如何不再“不”。这一系列“不”是中国外交面对的最大困境。至少从20世纪90年代开始,当苏联解体,美欧进入“冷战后”阶段后,中国在国际上不断重申一系列的“不”:“不挑战”、“不带头”、“不干涉”、“不称霸”、“不附加政治条件”。这也是一个愈来愈长的单子。“不”外交即“韬光养晦”外交。有的时候,中国自我感觉这总不是一个办法,欲“有所作为”。但是,因为有“韬光养晦”的前提,“有所作为”当然有限。

外交上，未来“中国梦”的题中应有之义应该包括打破这种自我困境，启动外交转型，然后，逐步寻求一种符合当下中国和未来中国的格局、雄心、意志、责任的中国外交。

如果我们把这样的外交叫作中国的前所未有的真正意义的世界大国外交，那么，我们到底如何实现之？

我认为，在新的中国领导层下，要实现这样的外交使命，必要在三个大层次上创造条件：

首先是国内层次。外交是一国目标、意志、实力向外部的投射，而国内是外交投射的基地。尽管新中国成立 60 多年，中国取得了值得中华民族骄傲的巨大历史成就，但是，当代中国还远远谈不上在国内成功，“革命尚未成功”仍然是我们真正的现实。生不逢时的一个现实是，中国正好生活在一个世界各大国均以国内问题困扰为主的时代。美国和欧盟的问题主要不是什么“中国挑战”或者“恐怖主义”，而是其内部治理和内部结构变化。美欧因为其巨大的国内问题牵扯了其下一步的全球计划。“外交政策始于国内”这一定律，建立在欧美外交经验基础上，应用到中国身上，也许比其他任何国家更适用贴切。

一个在外部世界获得成功的国家,通常都是其在本土成功之后。当代的中国,除了少数(例如“华为”),许多企业和大学,在本土却并不成功,许多“走出去”的,未必建立在他们国内成功的基础上,实际上是“败走”,比如,有的人涌动到非洲,以为在全球经济最薄弱的环节可以取胜。所谓“把国内的事情办好”的道理浅显易懂,妇孺皆知,国内做不好,不仅谈不上提高在国际上的地位和影响,而且,国内问题蔓延、扩散和消极“输出”到世界各地,如腐败和污染,反而使中国在世界上更加被动。

如果我们未来几年国内的发展和治理真正上了一个台阶,“自身硬”了,在国际上就更好“打铁”了。

第二个层次是世界的区域层次。与国内层次一样,区域层次攸关一国的生存和发展。这也是最为浅显的道理。作为一个处在亚洲地理(陆地与海洋)中心的大国,与东亚、北亚、南亚、东南亚、西亚、中亚等接壤,亚洲是中国的立足点。西方一些观察中国问题的最有力者,很早之前便认为,如果中国在亚洲不能站稳,何谈中国在全球的地位。当然,这个逻辑不能绝对化。中国有些谈论“周边”问题的人,把其结论建立在中国在可以预见的未来仍然是“地区大国”基础上，保守地认为中国“经营”好甚至“搞定”亚洲就已经不错了，无意、无能经略全球。这是一种抱残守缺的、严谨过分的现实主义。这样一个巨大的全球化了的中国，离开全球，仅仅是亚洲，生存都是问题。长期屈居“南亚次大陆”的印度都指向全球了。除了人口外，在绝大多数指标（包括问题）都比印度大数倍的中国，能离开全球吗？再说了，毛泽东时代，中国在亚洲遭到围攻，却因为“三个世界”的宏大理论，发现了非洲的价值，让非洲朋友把新中国“抬进联合国”。毛泽东在外交上“农村包围城市”的结果是，当时中国在亚洲的被动局面随着美国发现和利用中国对付苏联的地缘战略价值，终于得到缓解。如今，中国与亚洲的关系在“西方衰落”和“中国崛起”下再次紧张，如果我们能够历史性地“向东看”、把战略上需要中国的非洲和拉美搞定，亚洲哪里能围住中国？

当然，中国在亚洲的眼下和未来目标，不能限于一个国内发展的“良好的周边环境”，而应追求在亚洲和平、发展、繁荣、安全、协调，即解决亚洲问题上的一言九鼎地位。

搞好中国与亚洲的关系，诱之以利当然可以，但是不能仅靠“让利”、“互利”、“共赢”、“妥协”，更不能为暂时的稳定而惯坏了一些国家，让其得寸进尺，欲壑难填，践踏中国根本而长期的主权、利益和未来。国内“维稳”的一套不能用到国际。截至目前，国内政治和国际政治有区别的科学结论仍然有效。中国必须找到利益之外的处理与亚洲关系的多种手段。

第三个层次当然是全球层次。20 世纪 70 年代，美欧开始目前我们仍然在经历的“全球化”过程。中国在 20 世纪 70 年代末，终结了国内政治混乱，抓住机会，参与了这次已经巨大地改变了世界的全球化。也就是说，世界和中国居然在全球化下一致循环。30 多年后的今天，中国已经是西方主导的全球化的一部分。但是，中国不能满足于这一种现实、状态和形势。在西方主导的国际规则和世界秩序下，中国在其中最好的情况不过是这样一种场景：类似第二次世界大战后的日本在美欧主导的国际体系内的处境。利用西方主导的国际规则和国际制度，日本经济发展了起来，实现了当年采用军国主义和帝国主义都没有达到的目标。但是，这样做的一个情况是，日本永远是西方主导下的世界体系的一个次要（二等）国家。这样的国家在日本民族主义者看来是“不正常”的，所以，他们要让日本做“正常国家”。同样道理，中国即使在西方主导的世界秩序下，更加充分地受益（我相信中国在这个体系下还可以进一步受益，只要我们模范地遵守现有国际规则），但是，我们要问的是，姑且不论这样做的代价，中国能实现真正的“崛起”？中国是否也如日本一样，崛起也是局部的？所以，我们一方面要在西方主导的世界体系追求发展，另一方面，还要考虑如何改革这个体系。这一点也是大战略任务。

其他国家，以及一些国际组织，早已提出来了要“改革”现存国际体系的任务。有的人和机构甚至不满足于有限度的修补式的“改革”，而提出了“民主化全球治理”的任务。2012年12月17日，在联合国开发计划署（UNDP）于北京举行的“全球治理高层论坛”（本人是UNDP邀请的筹办这个会议的一个顾问）上，就有一节专门讨论全球治理的民主化问题。

现存的国际制度，总是与中国这个庞然大物不“合身”，改革目前的国际制度，也是为了让它们更加符合世界的现实和趋势。为此，中国需要更加强调“全球治理”，要求现存国际制度符合中国的“身体”状况。为此，中国外交不得不考虑以下两件大事：一是重建、翻新旧的国际制度，即进一步改革现存的国际架构——从联合国、布雷顿森林机构到世界贸易组织；二是新建国际制度，从联合国气候变化框架、二十国集团到一系列的区域治理架构。重建和新建，与以前在国际体制之外高喊"推翻"、"革命"旧秩序，"建立国际新秩序"很不一样。这是一种中国在变化了的世界上的新使命和新角色：不仅是现存世界秩序的参加者，也是包容性世界秩序的建设者，不仅是促进世界以规则为基础的基本力量，而且竭力为这样的世界担当责任和提供方案。

中国在其中且占据特别且重要的地位的"二十国集团"（G20）和金砖国家（BRICS）是两大非常有用的平台，具有实现上述全球治理转型的巨大潜能。在 G20 这个包括西方和非西方大国的框架下，中国不仅可以实现与西方（欧美）的互动，而且还可以与其中的非西方大国互动；而如果西方在未来几年仍然一蹶不振，BRICS 的持续、巩固与兴盛，则使其在许多关键的方面具有引领未来世界秩序转型的价值。

（本文原载上海《社会观察》杂志 2013 年第 3 期）

追求新的世界秩序：从“一带一路”到亚投行

从 2013 年 10 月中国领导人在国际会议场合首次正式提出“一带一路”算起，仅 2 年时间，关于“一带一路”的研究大有铺天盖地之势，有关“一带一路”的重要文章、研究报告和会议越来越多。国际方面，作为对中国政府持续推进“一带一路”的回应，“一带一路”的研讨会呈现增加的势头。尤其是，“‘一带一路’所涉国家”和没有被直接包括进“一带一路”的国家，如美国，都在研讨“一带一路”问题。外交政策是关于动议（action）、回应（reaction）和互动（interaction）的。国际上巨大的回应和互动本身说明中国的“一带一路”动议已经产生了投石问路效应。不过，人们需要具体和仔细评估这种投石问路效应。

“一带一路”是中国的对外政策。既然对外政策已定,接下来就是如何实现。我国国家发展改革委、外交部、商务部于2015年3月28日联合发布了《推动共建丝绸之路经济带和21世纪海上丝绸之路的愿景与行动》。这一文件无疑为“一带一路”的实现提供了截至目前最具体化的规划和路线。但是,国内关于“一带一路”的研究忽略或者忽视了一些非常重要的方面。

本文试图提出、强调一些在已有的“一带一路”讨论中没有被提出、讨论的问题。这些问题是:第一,什么是“一带一路”的政治逻辑?第二,“一带一路”为什么是中国发挥国际领导作用,同时又是为在国际体系中生存与发展“找路”?第三,为什么“一带一路”需要被多边化?如何多边化“一带一路”?第四,何为“对接”?如何“对接”?第五,“一带一路”与下一代全球治理(尤其是全球经济治理)之间的关系是什么?

一、“一带一路”的政治逻辑

毫无疑问,“一带一路”是关于国际贸易、国际投资、国际发展的。尤其是,“一带一路”是关于如何实现地区(远超出亚洲)和全球的基础设施(infrastructure)之间的相互连接、贯通(一体化)的,即在上述中国的“一带一路”文件中所指的“对接”(connecting)。这一“对接”要产生一种结果,即全球的互联互通性(global connectivity)。

20 世纪 70 年代,由于跨大西洋(美国和欧洲)和西方七国集团(G7)之间的经济相互依存(interdependence)成为明显趋势,很多美欧人(包括经济学家、政治家、公司、当时的主要媒体的报刊)都提出和使用“相互依存”的概念。国际关系学者也充分注意到这个提法,并试图对其国际关系理论化,以此挑战经典的“现实主义国际关系理论”。①

继“相互依存”之后,在冷战晚期的 20 世纪 80 年代,先是“国际化”(internationalization),后是“全球化”(globalization)越来越耳熟能详。国际关系学者也是关于全球化争论的参加者。

但是,无论是关于“相互依存”的讨论,还是关于“全球化”的研究,基本上是美欧主导,中国仅处在注意、介绍(引

① 见 Robert O. Keohane and Joseph S. Nye, *Power and Interdependence*, 1977,导论部分。

进)、理解(消化)这些概念和理论的地位上,并没有对“相互依存”和“全球化”的争论贡献多少原创的知识。

“对接”导致的“互联互通性”的概念并不是中国学者或者中国政府最早提出来的。这是信息时代的普遍性概念,即由信息技术(IT)带来的现实和改变。全球性国际组织包括世界银行和联合国开发计划署(UNDP)、东盟等地区性国际组织等早在中国发起“一带一路”之前就广泛使用这一概念,主张加强各国(经济体)之间的互联互通性。

我认为,继“相互依存”、“全球化”之后,“互联互通性”是最为重要的概念。抓住了这个概念,就等于抓住了21世纪的全球性的世界事务的关键。中国国际关系学者若抓住“对接”和“互联互通性”的概念,则可能对国际关系理论的发展作出贡献。

所以,“一带一路”是关于世界政治的,是关于防止世界战争、促进世界和平的。“一带一路”之所以引起如此的关注和回应,就是因为其政治性质。为什么必须说明、申明“一带一路”的政治含义?阐明其政治逻辑才能避免臆测中国的“一带一路”的政治(包括策略)意图。

目前,国内存在着把“一带一路”叫作中国的外交“战略”(foreign policy strategy)还是中国的国际“倡议”(initiative 或者 initiation)的争论。有人把“一带一路”叫作“战略”,但是,在关于“一带一路”的“外宣”上,却以“倡议”为准。

到底是“战略”还是“倡议”,“一带一路”研究中存在着争论。其实,在“战略”还是“倡议”之间纠结,在“对外”时把“一带一路”说为“倡议”,实属毫无必要。

观察这个争论,我想提出的问题是:“内部”讨论“一带一路”如此热火朝天,在中国的外国人和在国际上的中国人,都知道“一带一路”不仅是“倡议”。直接说“一带一路”是中国的国际“战略”的不计其数,但“外宣”非要说是“倡议”。这样做既不符合习近平思想的原意,也不符合这一中国国内政治话语的现实。

在“一带一路”的设计、政策和推广中,我们缺少对其“政治逻辑”的说明。这一缺少导致了上述争议,更导致了国际上对“一带一路”的各种政治性的非议和臆测,甚至误判。

在国际上,任何经济倡议(如“一带一路”)或者计划(如TPP)都是存在政治逻辑的。什么是政治逻辑?难道政治逻辑就只能隐瞒起来,或者不说为好?其实,不是这样的,政治逻辑更需要申明,更要清晰化,而不是含糊其词,或者担心别人说有政治动机,就加以隐瞒。

既然中国政府庄严宣布和制定了“一带一路”倡议,就要非常认真地说明“一带一路”背后的政治逻辑。从政治的角度,“一带一路”是什么?为什么提出“一带一路”?中国不能仅仅告诉全球,“一带一路”是国际经济合作,是中国对外投资,而是必须说明其政治逻辑(理由)何在。

亚投行(AIIB)首任行长金立群有一段话(根据他2015年7月22日在“中国财富管理五十人论坛”上的发言记录,未经金立群审稿):“有不少外国记者问我中国发起成立亚投行有无政治目的或者政治动机,我就告诉他们,有啊!这一回答大出他们所料。”金立群接着说:“不要隐瞒我们中国的国际政治动机,堂堂正正地说出我们中国的国际政治目的。我们发起成立亚投行就是为了改变(改革)目前已有的全球治理机构。如世界银行、亚洲开发银行等存在的问题需要改革才能得到完善。让世界与中国‘共同发展’或者中国与世界‘共同发展’是中国外交的政治目的。通过亚投行为全球经济的发展提供急需的基础设施投资等条件是中国贡献国际公共产品(international public goods),这本身就是政治的。”

“一带一路”本身就是中国在国际社会的政治工程,有着我们的政治逻辑。关于这一点,我们无须在“外宣”上羞羞答答,把本来简单的、光明正大的事情搞得晦涩,让国际社会因为难懂“一带一路”而不去懂,甚至因为难懂而误解。

主张欧洲统一的欧洲人,无论是政治家还是哲学家,无论是外交官还是商人,从20世纪50年代以来,从来都指出欧洲一体化是“政治工程”(political project)——欧洲联合走向欧洲和平、欧洲一体化并以联合起来的欧洲在全球体系中谋取地位和作用,并不隐瞒他们的政治目的,而是说明他们的政治逻辑。而美国二战后支持西欧重建的“马歇尔计划”也没有隐瞒其与苏联打“冷战”的政治目的。欧洲人把欧洲一体化定义为“政治工程”,这是值得赞赏、借鉴和思考的。目前,欧洲“政治工程”遇到重大危机,但是,正是其政治工程的性质,也成为克服其内在危机的手段。

对欧洲的任何大的判断失误——轻视欧洲一体化,都是因为没有深刻了解或者没有深刻理解其政治逻辑。比如,目前的希腊债务问题,有人就做出简单的错误判断,认为希腊会“退出欧元区”。确实,存在着希腊退出欧元区的选择。不过,这个选择不会付诸行动。欧元是欧洲“政治工程”的一部分,不是简单的欧洲地区货币合作。这一“政治工程”的支柱国家如德国和法国不会让希腊退出欧元区,而已经是欧洲一体化不可分割一部分的希腊也绝不会退出欧元区。

把“一带一路”定义为中国在国际上的政治工程,以及明确地在世界上说明这就是中国支持全球化、推动世界经济一体化的政治计划,“一带一路”才可能获得真正的成功。欧洲一体化之所以能克服各种艰险、挑战与困难,走到今天——欧盟和欧元在高度上是成功的(而不是失败的),无论欧洲和平还是欧洲一体化,就是因为其高瞻远瞩的“政治工程”的百年大计。因为其政治成功,即对世界和平的伟大贡献,欧盟在2012年获得了诺贝尔和平奖。

中国要把“一带一路”明确定义为政治工程,然后如同欧洲一体化那样,踏踏实实地推进全球经济一体化和全球经济治理。这样定义,省得我们说上述那样辛苦的话,在国内热火朝天地“走出去”(对外投资)追求“全球化”战略,在公众外交上却毫无必要地自我辩解地降低为“倡议”。

这意味着经济就是政治,政治就是经济。政治是经济的最高目标和最终目标。作为政治工程的“一带一路”没有什么不可告人的政治动机,却有着一定会增加“一带一路”的国际合法性(international legitimacy)的政治逻辑。

当然,这一“政治工程”绝对不是有些人想入非非的“天下秩序”。世界上多数地方不属于“天下”,也不叫“天下”,历史上也不是中国的“天下”或者“天下”影响之所及。更非中国要远离目前的全球多边体制,包括 WTO 和 IMF 等,而组织新的世界秩序。中国目前并没有这样做,而是继续加入二战结束时建立起来的国际金融机构,例如接受 IMF 的数据标准(2014 年在 G20 澳大利亚布里斯班峰会上宣布),SDR(人民币成为国际储备货币)。这个“政治工程”的政治逻辑是:“和平崛起”的中国成为全球化——全球经济及其治理的主要驱动力之一。中国还要说,“一带一路”与现有的美国和欧洲主导的全球性机构,如政府间国际金融组织之间加强合作,目的是促使这些机构形成与全球现有权力结构相适应的全球性机构的治理结构。“一带一路”也意味着中国推动组建一系列新的全球性和地区性的国际组织(国际机构),如亚投行。

政治逻辑和经济逻辑是相互作用、相互支持的。欧洲“政治工程”的成功要建立在欧元等的经济成功上。欧元如果最后被证明不成功,则将严重打击欧洲一体化。中国的“一带一路”也要建立在中国与世界经济之间的关系成功基础上。这就要求“一带一路”不可违反全球经济的规律——市场经济规律。

二、把给中国“找路”和给世界“带路”相互结合

从20世纪70年代末,中国在国际上“不带头”差不多接近40年了。中国在国际上也没有多少充当“国际领导”(international leadership)的情况。中国需要国际领导能力和发挥国际领导作用。即使新加坡等有力的小国和韩国这样的“中等强国”(middle power),也都有国际领导能力或国际领导地位,何况作为世界大国的中国。中国的联合国安理会常任理事国地位是中国的国际领导地位的标志。中国在2016

年轮值 G20 主席国，就是中国担当国际领导。中国为目前的全球治理危机寻找解决办法——改革目前的全球治理机构、新建全球治理机构，就是担当中国的国际领导责任。

美国自封为世界领导快一个世纪了，而且美国还想继续做 21 世纪的世界领导。如果中国说要做霸权意义上的世界领导，就会与霸权美国形成正面的冲突。中国的外交政策主张与美国形成“新型大国关系”。这一“新型大国关系”的最低局面是“不冲突”。其中，不与美国争霸，即“不争霸”仍然是实现与美国“不冲突”的基本方法。

很明显，“一带一路”意味着中国也要做一个世界领导国家，但中国的国际领导不是霸权（hegemony，该词应该包括中文中的“王道”和“霸道”两层含义），而是一种非霸权的国际领导（non-hegemonic leadership）。

不过，如果仔细研究中国的“一带一路”产生的历史背景和因素，中国在国际上担当责任（例如国际发展的责任）还不是其主要考虑。恰恰相反，“一带一路”更多意味着中国给自己“找路”，即找到中国在一个变动不居的世界上的生存和发展之路。这是“一带一路”最重要的政治逻辑之一。

为什么说“一带一路”是中国通过给世界“带路”而给自己“找路”?

与其他世界大国相比,中国在世界上生存和发展更加不易。中国的陆地和海洋邻国的数量就远超过其他任何一个同类世界大国。中国的周边环绕着老牌的俄罗斯、日本等大国,也有新兴大国印度,中等大国(middle power)韩国、印度尼西亚、澳大利亚等。[①] 其中,许多中国的邻国是美国的盟国,是美国组织的同盟体系的一部分(US-led Alliance system in Asia)。美国横跨大西洋与太平洋,只有加拿大和墨西哥两个陆地邻国。与美国最具冲突性的前美国殖民地的加勒比海国家古巴也终于在2015—2016年历史性地实现与美国的关系“正常化”。

“一带一路”作为“找路”具有以下两个意义上的作用:

第一,无疑是政治上的。如上所述,这一点应该坦白和公开,即中国与其他国家之间共处在同一个国际体系和世界秩

① “middle power”这个概念一般被翻译为“中等强国”。我认为应该理解为具有内在矛盾性(contradiction)的“中等大国”,即这些国家在力量上是“中等的”但却在许多方面已经是“大国”,且试图成为“大国”,而不仅仅是“强国”。“强国”不同于“大国”。以色列不是大国,但是强国。

序。这一共处应该不仅是和平而合作的,而且是共享和共赢的。并不是地球上每个人都希望形成和维持共享和共赢的世界秩序。有的人并不想共享和共赢,而是独享和独赢。有的美国人不愿意与中国谈论共存、共处、包容的世界秩序,而只希望中国纳入、融入美国主导的“自由秩序”。然而,中国若是继续在美国人或者其他人主导的世界秩序内削足适履,中美关系将进一步失衡。中国取代美国主导世界?中国已经公开声明没有这样的目标和能力。所以,中国只有一条国际道路:世界治理的民主化,即不是一两个大国或者国家集团主导世界事务。

第二,经济上,经历 30 多年代价高昂的高速发展,中国进入了经济增长相对低速阶段。由于经济规模巨大、复杂和不平衡,这一新阶段可能持续很长一段时间。粗放的,人力、社会和生态代价高昂的高速增长(增长不等于发展,高增长不等于高发展)时代结束了。转型和升级即使有更多的“自主创新”也需要相当长的时间。“深化改革”和“完善治理体系”即使方向明确,要到位也需要相当的时间。全球化的中国经济更加依赖全球市场,但是,中国过去 30 年是把自己的市场开放给别国,如国土和人口上小小的新加坡在中国国内市场有着很大的存在。“一带一路”意味着中国开放别国的市场,但是,开放别国比开放自己难多了。中国能让新加坡等向中国开放吗? 一些真正的企业,如华为等过去几年在开放别国市场上遇到了各种阻力和压力,就充分说明中国开放世界市场不是那么容易的。截至目前,“一带一路”用了含糊不清的“走出去”,而没有使用国际通用的“开放别国市场”的说法。

中国在过去受益于以 WTO 为代表的全球多边自由贸易体系。不过,这一开放体系达成全球协议的难度只可能增大不可能减少。在 WTO 等难以在全球层面上取得进展的情况下,一些大国,如美国带头搞诸如“跨太平洋伙伴关系协定”(TPP)之类的“小多边”体制。这类小多边与 WTO 等的关系、对 WTO 等全球体制的冲击(影响)尚未得到很好的研究和确认。中国也与一系列国家和地区达成了一些双边或者小多边安排,但是,这些安排还不足以与美国主导的那些小多边匹敌。美国在主导 TPP 等时,并没有邀请中国加入。中国加入 TPP 的前景也不明确。

中国的“一带一路”应公开声明是为了加强处在弱势的全球多边贸易体制（WTO）。维持和推动全球的多边贸易体制的进步才是中国的国际之路。

三、纠正“一带一路”的单边性、实现“一带一路”的多边化

“一带一路”已经成为一个国际项目，中国有必要减少“一带一路”的中国单边特性，想方设法多边化“一带一路”——让“一带一路”真正成为一个中国发起的新的国际制度。亚投行（AIIB）可以为“一带一路”的多边化提供重要模式。不过，“一带一路”的多边化可以不限于亚投行模式。

目前，中国政府使用的“‘一带一路’沿线（所涉）国家”一词，就是这种单边性的体现。2015 年 3 月，中国国家发改委和外交部等发布的关于“一带一路”的联合文件认为这类国家一共有 60 多个，主要分布在亚洲和非洲地区，也包括欧洲和南太平洋（大洋洲）国家。而在国际上，“‘一带一路’沿

线国家”这种说法比较拗口，没有对应的英文词。不过，有的国际智库把其干脆称为“丝绸之路国家”（Silk Road Nations）。[①]“丝绸之路国家”的术语具有重大的意义，比“丝绸之路沿线国家”要简明扼要。

如果对“‘一带一路’所涉国家”和“丝绸之路国家”两个术语做一个对比，就会发现被严重忽视的问题：“一带一路”的单边性，即仅是从中国出发、以中国为中心思考形成“一带一路”国际体系。这一单边性如果得不到纠正，就可能导致在贯彻“一带一路”过程中遇到严重挫折。

正因为如此，我在这里提出“一带一路”的多边化任务，一是纠正“一带一路”的单边性，二是以多边方式实现“一带一路”。

“一带一路”的多边化是中国提供国际公共产品（international public goods），根本上解决了中国“一带一路”的国际合

① 位于美国首都华盛顿的中美关系研究所（Institute for China-America Studies-ICAS）于2015年10月20日在华盛顿联合其他智库组织了一场关于“丝绸之路经济带合作”的研讨会。笔者注意到这次会议率先使用了“Silk Road Nations”的提法，来自丝路国家如哈萨克斯坦、白俄罗斯、塞尔维亚、俄罗斯等的代表介绍了他们国家对中国的“一带一路”的回应。

法性(international legitimacy)问题。

亚投行提供了一个实现“一带一路”多边化的方法。整个“一带一路”都可以多边化。目前,不管中国国内如何热烈讨论和欢呼“一带一路”,“一带一路”的国际合法性是一个尚未得到解决的问题。而且随着“一带一路”的深入开展,中国必然遭遇更多国际合法性质疑。

亚投行是在过去30多年取得巨大发展成就的中国向全球提供发展援助、贡献国际公共产品的金融政治设计。尽管美日等少数国家出于私利没有参加亚投行,但是,亚投行在发起与筹备过程中已经获得和享有了高度的国际合法性。这是中国外交的意外成功。但意外成功的根源是中国采用多边主义的理论与实践。若是中国不采用多边主义的理论与实践,亚投行在政治上和外交上不会如此成功。但是,亚投行面对的挑战还很多,尤其是,现在很难说其就一定能在金融上和发展(开发)金融上取得成功。在未来,假如亚投行成为足以与世界银行媲美的“新的世界银行”,我们才能说亚投行成功了。

亚投行代表了全球多边主义在困难情况下的积极发展,

其对全球治理的未来意义巨大。其对“一带一路”的启发也是巨大的。一句话,“一带一路”若是能够按照亚投行的设计与实践多边化,就更容易实现。

深度“嵌入”(embedded)全球或者在全球体系中占据重要地位的大国是多边主义的天然领导和发起者。霸权国家未必需要全球治理,但是非霸权大国则特别需要全球治理。美国是霸权国家,美国对全球治理并不热衷,多边主义仅是美国外交政策中的工具而非目的。中国是非霸权国家,自然特别需要全球治理,多边主义不仅是工具,也是目的。对中国来说,还有一个重要的劣势,那就是,虽然经历了30多年与现存全球性机构的互动与合作,经历了参与和领导上海合作组织等区域多边机构,但在娴熟驾驭多边主义上与美国等西方国家仍有一定差距。

中国要主动提议把“一带一路”纳入联合国框架、国际金融组织、世界贸易组织,以及其他多边框架。让“一带一路”所涉及的国家与地区构成一个新的多边贸易体系和多边投资体系,让“一带一路”给中国与欧盟、非盟、东盟等“世界的地区”的关系都注入新的活力。

四、关于国际“对接”

在关于“一带一路”的讨论中，有许多涉及其中的政策概念提出来了，但却尚未有清楚的定义。也就是说，这些概念因为刚刚提出，尚未在社会科学的意义上概念化（conceptualization）。任何一个概念，尤其是政策概念，都需要概念化。“对接”或者“连接”就是这样一个概念。例子：（1）在目前的中俄关系中，有“（中国的）丝绸之路经济带建设和（俄罗斯等国家的）欧亚经济联盟建设对接”；（2）而在中欧关系中，有中国的“一带一路”和欧盟的“容克（投资）计划”（Jean-Claude Juncke Investment Plan）的“对接”。但到底什么是“对接”？截至目前，尽管“对接”在官方文件、讲话和媒体中用得很多，但是，在研究文献中根本找不到关于“对接”的客观分析。也就是说，尚未有“对接”的确切定义。

什么是国际“对接”？

一个国家决定（决策）一项政策并付诸实施（行动）仅仅

是这项政策进程的第一个阶段(第一步)。这项政策一旦引起了别国的反应、反击、反动、回应、对应,该项政策就进入了其第二个阶段(第二步)。这些反应一般地包括三大类:支持的;反对的;温和的、根据具体情况有差别的,没有支持或者反对,甚至没有什么反应。一项政策得到了别国的反应(不管何种反应)说明这项政策的意义在国际上被认识到了。这是很重要的。接下来,这项政策在实施(贯彻)中就进入了与别国的互动过程。互动阶段是一项政策成功与否最重要的阶段。要根据别国的反应对本国的政策进行调整。一项对外政策或者对外行动一旦进入国际互动阶段,这项政策与当初决策时就已经有所不同,即因为受到了国际互动(相互作用)的影响,已经得到修正或者改变。

“一带一路”就是上述情况。国际上各个国家行为体(行动者)与中国正式展开了关于“一带一路”的互动。如果我们讨论(比较)现在的“一带一路”和 2013 年 10 月刚提出时的“一带一路”,就能发现目前的“一带一路”已经受到了国际互动的修正,并且这种修正还将继续下去。这种国际修正的一个表现就是,中国提出了自己的这项政策与别国进行“对接”

的建议、任务、要求和行动。在 2015 年 3 月以前，中国的“一带一路”及其政策研究中，并没有“对接”这一术语。

“一带一路”所涉及的国家或者国家集团(如东盟、非盟、欧盟等)和国际组织众多。其中，所涉及的国家或者国家集团都有各自的政策优先，有的国家或者国家集团则有类似“一带一路”的投资、发展政策或者计划。中国要让“一带一路”这一宏大的国际经济合作倡议取得进展甚至获得成功，确实需要与所涉及的国家或者国家集团进行“发展战略的相互对接”。所以，在中国官方文件中，“对接”首先是中国的主动要求或者呼吁，其次是其他国家或者国家集团的回应，即他们用类似的政策或者计划与中国相互作用。在国际关系的内容和形式上，这一相互性至少在两个层次上发生，第一层次是在中国与相关国家的双边层次，例如上述官方文件提到的中国与各个有关国家进行双边对接；第二是，“共建”，即多边政策协调与合作。目前，从上述关于“一带一路”的官方文件发表以来，“对接”主要指双边合作，即中国与“一带一路”所涉及国家(这个国家名单在增加，而有的国家也可能退出)的同类或者类似计划、政策进行对话、磋(协)商、协调、合作，而多边的“对接”，即把“一带一路”变成一个类似“跨太平洋伙伴关系协定”（TPP）或者“区域全面经济伙伴关系”（RCEP）那样的多边经济合作的“对接”，目前尚未规划和提出，尽管有的学者建议多边化“一带一路”。①

为什么要“对接”？

在一个国家之间相互作用突出的世界上，“对接”实际上是一种主动的、进取的政策作为，是国际善意的表达，化解中国的“一带一路”与别国或者国家集团的类似战略或者政策的冲突，并与别国或者国家集团的类似计划进行合作。“对接”是国际关系的通行做法。

“对接”意味着中国通过谈判和协商而不是别的强制手段化解不同的发展战略之间的差异。中国开放别国市场的历史进程才刚刚开始，所以，“对接”也还处在初级阶段。

显然，仅仅提到“对接”是不够的。如何让“对接”的概念具有丰富的含义？这就需要对“对接”进行概念化。概念化

① 庞中英：《多边主义与中国的“一带一路”》，《中国与国际关系学刊》2015年第2期。网址：http://journals.aau.dk/index.php/jcir/article/view/1304。

是概念得以成立的必要过程。概念化是从本体论、认识论和方法论上深化(发展)概念。

第一,"对接"是中国外交政策转变(包括对外经济政策)的一个方面。外交政策转变(包括调整)是必要的,国际体系中的国家和一些具有"共同外交政策"的国家集团(如欧盟),经常调整外交政策。没有一成不变的外交政策。当然,有的外交政策需要连续性。但连续性本身也是一种变化性。

中国外交政策转变的原因很多。这里仅指出中国自身的国内事务(至少是国内经济、政治和社会)的变化和外部国际政治体系、全球经济体系的变化。中国已经是世界第二大经济体,其外交政策应该与中国不到全球第十大经济体的时候不同;如此大的经济体,在国内都需要进行"深化改革",建立与其相适应的经济体制(经济治理),而在国际上,则要谋求这样的超大型经济体的生存和发展环境(国际规则、国际制度和国际秩序)。

第二,"对接"是为了开放外国,即要求别国开放给我国。这一点需要在国际上直接说出来。美国等开放别国市场,包括开放中国市场从来都是直接说出来。"一带一路"标志着中国的对外开放进入新阶段,即中国不仅是开放给别国(20世纪80年代到现在),而且要别国开放给中国。一直都是外国(尤其是欧美日甚至韩国、新加坡等)要求中国“门户开放”或者“对外开放”。中国主动“对外开放”是20世纪80年代以后的事了。而中国要别国“对外开放”,却是在“一带一路”正式提出以后。根据2015年中共十八届五中全会确定的国家“十三五”规划制定了“对外开放新格局”,这个新格局就是要去开放别国,开放别国的政策之一就是“一带一路”。

第三,“对接”是国际政策协调。国际关系史上,存在有效、成功的国际政策协调,也存在无效、失败的国际政策协调。根据“一带一路”的官方文件,中国希望实现中国与相关国家的“五通”(政策沟通、设施联通、贸易畅通、资金融通、民心相通),进而建立“三个共同体”(利益共同体、命运共同体和责任共同体)。“通”的国际英文对应词是connectivity或者connectivities。“五通”加“三个共同体”是“中国特色”,但定义了中国的国际“对接”的目标和内容。

第四,“对接”是拿中国的政策项目(如“一带一路”以及今后提出的其他政策)与别国的同类项目进行外交博弈(bargaining)。这种博弈是一种相互过程。即“一带一路”是双向道。这一相互过程不仅将给“一带一路”的有关国家带来巨大利益,而且将由此改变中国。

第五,“对接”可能意味着中国“输出”的不仅是物质或者资本、技术(如高铁)、发展(援助)等,而且包括中国的“软实力”项目。前者容易衡量,后者则不易,且会引起国际上更大的争论、争议。

美国总统奥巴马多次指出:“我们不得不确保美国而不是如中国这样的国家是世界经济规则的书写(制定)者。”①“一带一路”在美国这位总统那里,就意味着中国在“书写”世界经济规则。对世界事务的规则的制定能力是“软实力”的主要方面。“对接”包括与有关国家或者国家集团谈判管理世界经济的规则。在这方面,“一带一路”似乎仍然没有提上议程。假如“一带一路”不涉及世界经济规则的形成,“一带一路”就受美国主导的世界经济规则的治理。

---

① US President Obama says “we have to make sure the United States—and not countries like China—is the one writing this century's rules for the world's economy.” accessed at https://www.whitehouse.gov/blog/2015/02/18/president-obama-writing-rules-21st-century-trade.

“一带一路”输出的不能仅是国内“过剩产能”,而且应是中国的“发展模式”。但是,中国的“发展模式”真的可以输出吗?如果不能输出“发展模式”,则中国的“对接”变得相当简单而枯燥,即只是确定输出对象国(“‘一带一路’沿线国”)接受中国的“过剩产能”,这与任何一般对外贸易和投资(出口)无异。也就是说,如果仅仅是货物、资本和技术输出,而不包括“发展模式”,则无须进行在政治、外交甚至战略层次与别国或者国家集团进行“对接”。

到底如何“对接”?

中国是提出和执行“一带一路”倡议的国家(这里简称“投射国”或者“输出国”,英文叫作 sender),而其他所涉国家或者国家集团则可以看作是“接受国”(receiver)或者合作国(collaborator)。所谓“对接”即是“输出国”和“接受国”之间的对话、协调、合作。

以中欧(欧盟)关于“一带一路”的“对接”为例。欧洲或者欧盟整体,尤其是一些南欧、中东欧国家,经济增长乏力、失业率高,需要大量的外国直接投资(FDI),包括来自中国的直接投资。欧洲过去主要向中国输出直接投资,现在一些欧洲国家,如德国等仍然是主要的在华国际投资者,但是,中国也成为对欧洲的重要国际投资者。在“一带一路”框架下,欧洲似乎主要是为了欢迎和接受来自中国的投资。其实,情况没有那么简单。目前,双方正在进行“中欧投资条约(协定)谈判”(BIT)。这就是中欧之间“对接”的内容和方式之一。有意思的是,中国驻欧盟使团团长杨燕怡在 2015 年 11 月 9 日于布鲁塞尔举行的“中欧投资和对接合作”(China-Europe Investment and Connectivity Cooperation)论坛上用了 20 世纪末期才出现的“协作”(synergy)一词说明“一带一路”与“容克投资计划”之间的相互关系。①

不仅如此,中欧更深层次的“对接”不仅是相互投资关系的确定,而且是转型中的中国对外政策与欧洲在成员国层次和联盟层次上的对华政策之间的“对接”,即中欧在“和平、增长、改革、文明”等领域在“全面战略伙伴关系”下进行国际政

① 见 http://europeansting.com/2015/11/10/there-are-many-converging-visions-and-interests-between-the-one-belt-one-road-initiative-and-the-juncker-investment-plan-ambassador-yang-of-the-chinese-mission-to-eu-highlights-from-brussels/。

策协调。

国际体系包括了在实力和立场(包括“国际地位”和外交政策)方面差异很大的国家。大多数国家属于或者加入了各种各样的地区组织。对中小国家来说,地区组织的重要性更加不言而喻,因为他们需要借助地区组织才能在国际体系生存、发展。从 20 世纪 50 年代以来,欧洲逐步联合成为今天的欧盟。尽管目前欧盟面对着一些深重的问题(如缺少共同的财政联盟等)而必须进行改革,但是,欧盟是绝大多数欧洲国家的地区组织。中国 1975 年与欧盟(欧共体)建交,中欧关系增加了一个地区层面。所以,“一带一路”与欧洲的“对接”就不仅是一个投资问题,即不仅是实现一些基础设施的联通,而且是与欧洲在多个层次上的宏观政策(包括经济政策、外交政策、发展政策等)全面协调。

中欧的“对接”包括在全球层面上的协调与合作。国际金融组织中的国际货币基金组织(IMF)一般由欧洲主导(世界银行则由美国主导),其他国际金融治理机构如金融稳定委员会(Financial Stability Board)也设在欧洲(瑞士)。在全球经济治理中占据中心或者主要地位的 G7 和 G20 也是以欧洲为主(G20包括法德英意和欧盟委员会等5个成员,占据了G20正式成员的1/4)。中国要与欧洲进行"对接"绕不开这些欧洲机构。2016年1月开始运营的总部设在北京的亚投行(AIIB)包括了17个欧洲国家(其中多数为欧盟成员),与此同时,中国也于2016年1月正式加入《欧洲复兴开发银行成立协定》(EBRD)。这一相互过程,内容丰富,涉及中欧对全球和地区的多边进程的相互支持和相互参与,是中欧"对接"的一个成功范例。EBRD在非洲等非欧洲地区也运营,而中欧在EBRD的"对接"的一个重要内容是继续协调在非洲发展方面的中欧关系。

欧洲在建立和维持G20进程中的作用是主导性的。但欧洲搞G20的一个主要目的是利用和治理包括中国在内的"新兴国家"(新兴经济体)。从2015年12月1日起,中国轮值G20主席国,并于2016年9月在杭州举行G20政治领导人峰会。在宏观经济政策"对接"方面,欧洲国家和欧盟委员会利用G20迫使中国改变一些宏观经济政策(如人民币的汇率政策)。中国通过G20利用和治理欧洲的任务也必须同时提出来。否则,这样的"对接"就是不对等、不对称并迟早要失衡。

中国外交政策的实践中有了国际“对接”的概念和任务,即中国主动去与别国和别的国家集团(包括地区组织和全球组织)进行政策对话、协调、合作。这是具有重大历史意义的。但是,知易行难。国际“对接”的意义和实践有许多未知的东西。美国等其他“先进”(即国际体系的先来者)国家在“对接”方面的大量实践,中国有必要借鉴。作为霸权国(hegemonic power),美国要求其盟国或者盟友以及其主导的国际组织贯彻和执行一项本质上的美国政策,相对容易得多。美国也利用诸如各种多边(如G20)治理(包括合作、施压)其他国家(包括中国)。中国不是霸权国家,也宣称今后“不称霸”;也缺少美国那样的盟国体系(中国“不结盟”但最近在强调可以“结伴”),在与别的国家和国际组织“对接”自己的一项政策的难度要超过美国,做法也不应与美国一样。

中国与其他国际行为体的“对接”也各有差别。与俄罗斯的“对接”就和与印度的“对接”有差别。甚至与印度“对接”不上。与非洲则仍然不是“对接”的任务,“对接”一词不适用非洲,因为非洲与中国并不对称,即大多数非洲国家没有类似“一带一路”这样的对外输出(投射)政策,其国家能力有限,属于接受国际发展援助的国家。此外,除了中国与一些地区组织(尤其是欧盟)的“对接”,中国与多边机构关于“一带一路”的“对接”尚未充分开展。很显然,如果“一带一路”是为了影响关于全球经济治理的规则和制度的形成,中国则需要考虑把“一带一路”多边化,即形成一个“一带一路”为内容的多边体系,让这一体系在下一代全球经济治理(国际规则、国际规范、国际制度)的形成中占据重要地位。

五、“一带一路”与下一代全球治理(尤其是全球经济治理):中国塑造国际制度和国际规则

自从布雷顿森林体系的固定汇率体系在20世纪70年代初“崩溃”以来,世界各地的人们在探讨、设计“后布雷顿森林体系”(post Bretton Woods System),提出了一系列新的国际货币体系、国际(全球)金融治理(安排)的构想、计划、倡议。

本文认为,中国发起的亚投行等新型的国际金融组织还

不属于“后布雷顿森林体系”的范畴。

中国必须要超越目前的全球治理,而有必要在发起亚投行等国际金融组织之后,再进一步,鼓励一些重要的学者及其所在的学术机构大胆探索下一代的全球治理的理论与实践。如果目前的全球治理改革失败,全球陷入严重缺少全球治理而出现大混乱甚至无序的状态,则中国不妨公开提出我们的全球治理方案,为一个更加有序、包容、民主、公正的世界秩序作出贡献。

中国“一带一路”尚未明确有助于(贡献)下一代全球治理(尤其是全球经济治理)的国际制度和国际规则。所以,“一带一路”需要从贡献全球治理的角度做国际制度和国际规则的设计和推进。在这方面,“一带一路”有必要借鉴“跨太平洋伙伴关系协定”(TPP)。TPP 的核心是书写下一代全球经济治理的规则。“一带一路”显然没有或者缺少影响和塑造下一代全球经济治理规则的规划(尽管许多人对“一带一路”做了很多过度解读)。

与诸如 TPP 等进行比较(目前中国学术界缺少关于 TPP 和“一带一路”的深入比较研究,主要是因为对 TPP 的谈判过程和协定本身所知很少),“一带一路”不是国际协定(条约),目标也不是形成这样的国际协定。但是,在国际体系(而不是人们常说的“天下体系”、“帝国体系”),要顺利实现“一带一路”的目标,需要达成国际协定,至少也要达成国际框架。TPP 是一个多边的国际协定,历经艰苦的谈判签署过程,然后交由成员国立法机构批准。TPP 作为“高水平”的自贸协定,对参加国家以及非 TPP 成员都有很大的约束力,有助实现其初衷。“一带一路”尽管涉及 65 个甚至更多的国家,却不是所涉国家之间的一个多边谈判进程,也无国际协定的目标。这使得“一带一路”很松散,缺少国际约束力。

假如“一带一路”将来仍然不是一个多边谈判进程,也无国际协定的目标,“一带一路”的松散性、非机制化即缺少国际约束力的局面将继续。

G20 成立于 1999 年,在 2008 年前,G20 仅仅是各国财长和央行行长的多边会议,尚不是各国政治领袖的峰会。2008 年金融危机爆发后,G20 被认为是对付金融危机的国际方案之一,于是,美国和英国率先召集 G20 峰会。受到这一外交事件的启发,我认为,中国应该主动提出、尽早召集“丝绸之路峰会”（Silk Road Summit，SRS），以便使“一带一路”国际合作上升到最高的政治层面。

结　　论

“一带一路”是“高曲”。一般规律是曲高和寡。但“一带一路”居然引起如此巨大的反响。这一反响意味着初期的成功。但初期的成功并不能保证今后的持续进展。

“一带一路”在理论上和实践上都在发展之中。在“一带一路”提出两年后，在科学理论化和依据国际关系规律、国际关系现实与趋势的具体实施上，可以公开声明其政治逻辑，以全球的多边主义为目标，追求作为国际制度的“一带一路”，以实现对现存全球治理的有效改革和追求下一代全球治理制度与规则的创新。

中共中央政治局于 2015 年 10 月 12 日就“全球治理格局和全球治理体制”进行了集体学习。① 这表明，全球治理在我

① 习近平：《推动全球治理体制向着更加公正合理方向发展，为我国发展和世界和平创造更加有利的条件》，《人民日报》2015 年 10 月 14 日。

国外交政策中占据优先地位。“一带一路”若能进一步多边化,必将深刻影响下一步全球治理的改革。

(本文分别原载《中国与国际关系学刊》2015 年第 2 期、《探索与争鸣》2016 年第 5 期)

中国对待全球治理态度的转变

一、单个国家与全球治理之间的关系:比较政治研究的任务

国家仍然是全球治理的主要行为体。当然,这是一个悖论,因为国家同时也是世界体系性的全球问题的一部分。例如,美国是我们这个世界的全球问题体系的一部分,而许多人一度理想化、天真地以为美国是我们这个世界的问题的解决方案的一部分,甚至是这个世界的问题主要可以依靠美国来治理,因为现有的以解决全球问题为使命的一些国际框架都是美国发起的。其他国家,即使不是总体上的"霸权"(the hegemon),[①]也一样具有这样的双重属性:一方面,这些国家都是全球问题体系的一部分,生产("贡献")全球问题;另一方面,这些国家也(程度和方式不同地)生产全球问题的解决方案,参与集体的全球问题的解决(即全球治理)。但是,国家生产的全球问题,无论规模和程度,远远大于其对全球问题的解决。

在国际体系中,每个国家都是独特的。中国与全球治理之间的关系不同于其他国家与全球治理之间的关系。从20世纪70年代末,中国是在与世界的互动中开展"改革开放"的。而这一"改革开放"的过程,实际上是参加美国和欧洲主导的全球治理的过程。这种"参加"的主要含义是中国执政者以及广大的中国社会试图在外部世界寻求中国自身问题的解决方案(如世界银行的贷款和经济改革建议、通过加入WTO"倒逼"国内改革,一直到现在通过建立国内"自贸区"和"丝路"计划"进一步扩大对外开放",等等),而外部世界(主

① "hegemon"一词在中国一般译为"霸权",我认为这是一个误解。其实,hegemon应该翻译为"帝权",一个拥有"帝权"的国家在世界上占据的地位(作用)是hegemony。hegemony并非中文的"霸道",而正是"王道"的意思。中国的翻译正好反了。

要是欧美日）则以全球治理的名义介入中国的改革开放过程。但历史演变到21世纪初，中国不再满足于也不能仅限于参加全球治理，而是试图塑造、影响全球治理。

关于单个国家与全球治理之间的关系，已经有不少研究，比如，意大利与全球治理、俄罗斯与全球治理、印度与全球治理、巴西与全球治理、美国与全球治理，甚至作为国家集团（不管这个国家集团是否已经形成新的国家）的欧盟与全球治理，当然，还有中国与全球治理，这些主题下已经有了不少研究（多数是“政策研究”性质的）。

中国与全球治理之间的关系，是近几年世界范围的全球治理研究的一个焦点论题。本文是作者对这一题目的独立研究的一部分，主要是通过一个角度分析中国官方对待全球治理的态度变化来了解、理解、解释中国与全球治理之间的关系。本文首先讨论“全球化”和“全球治理”这些概念进入中国的过程，然后讨论中国官方是如何对待全球治理的。此种讨论，在全球治理研究以及关于全球治理与中国之间的关系的研究中，以前并没有人做过。所以，本文的讨论属于原创性的，希望引起同行的兴趣和评论。

二、"全球治理"在中国

"全球治理"这个最初的欧洲概念、观念、知识也有一个"全球化"的过程。"全球治理"到底是如何"全球化"的(这是一个很有意思的命题,建议有兴趣和有精力者对此加以研究)?作为"全球治理的全球化"这一命题的一个重要方面,"全球治理"到底是如何到了中国?除了学者外,"全球治理"为什么、何时、如何被中国官方(执政党中国共产党及其政府)接受和拥抱?对于"全球治理"源头地区的欧洲和美国来说,一讲到"全球",不会不想到(提到)中国。因为没有中国,对欧美来说,任何全球化与对全球化的治理(全球治理)只是局部的全球而非全部的全球。

现在已是伦敦经济学院荣誉教授的斯克莱尔(Leslie Sklair)在他1988年的著作就使用了"全球化"的说法。但他也指出,当时,无论学术界还是非学术界,尚未使用这个词。①

① 转引自曹俊汉:《全球化与全球治理:理论发展的建构与诠释》,台北:韦伯文化出版公司2009年版,第4页。

在1989年以前,中文中就更没有也不可能有“全球化”一词,但中文中却开始使用“国际化”的术语。20世纪80年代末,已故著名经济学家与社会活动家罗元铮教授在中国最早使用“国际化”一词(见罗元铮:《经济生活国际化是对外开放的客观依据》,《财经问题研究》1987年第1期)。[①] 20世纪80年代末,中国学术界,尤其是经济学界与西方的交流已经越来越多。西方制造的“全球化”概念很快就传入中国。不知何时,通过何人、何刊物(包括内部出版物),“全球化”越来越取代了“国际化”,或者与“国际化”并存,堂而皇之地进入了中国学术,尤其是中国经济学。其中,中国社会科学院等主办的《国外社会科学动态》等译介西方社会科学(以及意识形态)的刊物以及一些“内部出版物”(内参)最先介绍了“全球化”。到了20世纪90年代初,“全球化”一词已经在中国大行其道,但是,真正对这个词感兴趣和知道的中国学者还是相对不多。庞中英写的《全球化:21世纪经济发展的趋势》一文发表在中国社会科学院主办的《经济学动态》1994年第1

① 笔者在20世纪90年代曾担任罗元铮教授的私人学术助手。

期上。

在20世纪80年代，中国的世界经济和国际问题研究对联邦德国（西德）总理维利·勃兰特主张的重建世界经济秩序、南北合作十分注意。勃兰特最早主张建立一个"全球治理委员会"，面对全球共同的危机，求得全球共同的生存。勃兰特关于南北关系的真知灼见、远见卓识在中国广受赞扬和介绍，他是全球治理最早的主张者和实践者。

20世纪90年代初，也许注定在全球治理思想史上留下一笔的"全球治理委员会"成立，并于1995年发表了该委员会的主要成果《我们的全球邻居关系》的报告（英国牛津大学出版社）。该报告两位主席，分别来自瑞典和圭亚那。这份报告当然要提到德国前总理勃兰特在全球治理上的开创性贡献。正是勃兰特提名一位瑞典人和一位圭亚那人出任全球治理委员会两主席，分别代表"全球的北方"和"全球的南方"。

这份南北合作的《全球治理报告》与中国也有关。中国高级外交官钱嘉栋大使是全球治理委员会的中方委员。在"外交无小事"（纪律和规则十分严格）的情况下，相信他当时接受邀请出任该委员也是中国有关部门批准的，说明当时的中国外交系统甚至中国外交决策高层至少不排斥由欧洲社会民主党势力主张的改进南北关系的全球治理主张。中国对外翻译出版公司几乎与该报告的英文版同步出版了其中文版。

在20世纪90年代末到21世纪初,尽管在欧美,“全球化”遭到来自各方面的政治上的批评和社会上的抵抗。这一抵抗一直持续到今天。这是全球经济中的重大现象和因素,可惜许多经济学家漠视此种“抵抗政治”。在官方层面,中国等后来被华尔街投资银行的分析家或者英国《经济学人》叫作的“新兴经济”却越来越重视“全球化”和喜欢这个概念。原产地为英美欧的“全球化”论文和著作的相当一部分都被翻译为中文。

中国对于全球化的研究,从20世纪90年代初算起到现在,正好20多年。这个20年,没有改变的一点是,中国学者在全球化研究上的全球话语权有限(在关于全球化的辩论和出版上,欧美学者主导,非洲和印度学者都参与其中,但中国学者顶多是过程的目睹者,并非真正的参加者,因为他们没有进入欧美学者主导的辩论体系中并发表观点,西方学者也不会因为一个中国学者的提法而争论),因为总处在学习者的位置上——介绍主要来自英语世界的全球化研究著作，基本上缺少独家的、基于全球化的中国体验和事实的研究。这个局面一直到今天基本没有改变。①

如果用政治学在中国的“本土化”的标准（任务）来衡量，如果说在中国的政治学已经提出“本土化”的任务并开始“本土化”，那么，全球化和全球治理研究（全球化和全球治理研究并不仅仅属于政治学领域，而是一个多学科、跨学科研究领域）既没有提出“本土化”的任务，也根本没有开始“本土化”。

中国一开始对全球化存在着不少疑问，甚至是反对，但奇怪的是，这种质疑和反对，没持续多长时间或者很快就被淹没、忽略不计。现在想起来，咄咄怪事，学者的大多数居然一边倒地肯定、赞扬全球化，甚至，有不少论者缺少实证研究，居然不断强调“中国是全球化的受益者”的绝对化观点。一句话，与欧美在过去20年对全球化的尖锐批评相比，中国严重缺少对全球化的批评。这样给人的错觉是，中国没有理性的“反全球化”，而大多数居然是拥护、欢呼、肯定、期待全球化

① 徐进、刘畅：《中国学者关于全球治理研究》，《国际政治科学》2013年第1期。

的，因为“中国从全球化中总的是受益的”，且是“最大的受益者”。

中国也存在着全球化的受害者，而且全球化给中国带来的问题与全球化给欧洲带来的问题有许多是相似的、相同的。

三、为什么中国官方最终接受和拥抱了“全球治理”

研究一些国际行为体（行动者），尤其是政府对待某一重大的全球治理问题的态度的演化，一直是一个重要的研究任务和研究方法。

与“市场经济”、“自由贸易”、“永续（可持续）发展”等外来的概念一样，“治理”和“全球治理”的概念在中国的旅行是一种独特的国际知识过程：在20世纪90年代，本土学者就开始从西方主导的国际知识体系引进这类概念。已故全球治理研究大师、美国世界政治学教授罗西瑙（James N.Rosenau）和德国著名学者、法兰克福国际和平研究所的创始人陈皮尔（Ernst-Otto Czempiel）合编的《没有统治的治理：世界政治中的秩序与变迁》(*Governance without Government*：*Order and Change in World Politics*, Cambridge：Cambridge University Press,1992)等书被很快翻译为中文出版,可惜该译本却把 government 仅译为通常的“政府”,而不是西方治理学者的意思“统治”,是一个很大的缺憾,说明还是没有真正了解西方学术界为什么要强调 governance 及其与 government 的不同。最终,执政党对“全球治理”态度转变,经历了从(非正式)怀疑、警惕、拒绝到最后谨慎研究、判断、接受而且大力提倡和主张之。这个过程是非常有意思的。

2012 年 11 月 8 日,时任中共总书记胡锦涛在十八大上作的报告中提到了全球治理,“推动全球治理变革”,“积极参与全球经济治理”。而在 2013 年 3 月 5 日举行的第十二次全国人民代表大会第一次会议上,时任总理温家宝提交的最后一份《政府工作报告》,尽管没有用“全球治理”一词,却说在过去 5 年(2007—2012 年),中国“积极参与应对国际金融危机、气候变化等全球性问题的国际合作”。这些官方文件说明,在中国外交政策的原则上和实践上,全球治理已经占据了一个重要位置。

此前,一些重要的中国政府文件中包括了全球治理。例如,2011 年 3 月 16 日发布的《中华人民共和国国民经济和社会发展第十二个五年规划纲要》的第 53 章是《积极参与全球经济治理和区域合作》。

中国官方第一次正式使用“全球经济治理”的概念是在最后一次“8+5”峰会(在意大利拉奎拉)的 2009 年 7 月 9 日。这次特别峰会因国内原因胡锦涛主席突然取消出席,改由国务委员戴秉国代表出席。在这次发言中,戴秉国“分别就全球治理的目标、治理的主体、治理的方式和治理的机制等方面进行了阐述”。[①] 顺便一提的是,此前的 2009 年 6 月 17 日,中国外交部政策研究司在北京华风宾馆举行了内部小型研讨会,邀请包括笔者在内的一些学者就全球治理问题研讨。从上述戴秉国在拉奎拉的讲话中可以看出,那次研讨会上学者关于中国对待全球治理的态度的一些建言得到采纳。

与“国际治理”(international governance)相比,“全球治理”本身就是一个不小的改变。不同于国际治理,全球治理

① 新华网意大利拉奎拉 2009 年 7 月 9 日电(记者王星桥、刘东凯):《戴秉国出席八国集团同发展中国家领导人对话会议》。

强调非西方国家、发展中国家、小而穷(这个世界的小国分为两种,一种是小而穷,一种是小而富,或者小而强)的国家在解决全球问题中的国际制度中的代表性,要求不要忽视他们的声音、利益。不同于国际治理,全球治理主张更多的非政府行为体和私人部门等市场、社会力量介入解决全球问题。尽管如此,人们容易严重忽视的是,20 世纪后期的全球治理本质上是一个非激进(non-radical)的概念(如果我们不愿意说它是保守概念的话),因为全球治理并非要挑战国内和国际"现状"(status quo),而仅是协助改善"现状",即面对"现状"中存在的问题和危机。全球治理不讨论对政府的治理,不讨论对跨国公司的治理,①这自然反映了全球治理的局限性。②

"现状"是什么?从不同的角度(包括不同的世界观)、不

① 联合国有关机构曾在 20 世纪 70 年代和 80 年代研究跨国公司问题,考虑如何治理跨国公司带来的问题。但后来,随着市场化和资本至上,联合国的跨国公司研究不了了之。

② 关于全球治理的各种各样的局限性,学者们见仁见智。其中,英国学者 Jim Whitman 以此为题有专门著述:Jim Whitman,*The Limits of Global Governance*,London: Routledge,2005.

同的处境(包括生存条件)以及不同的利益出发,对“现状”的理解不会一样,而且差别很大。英国控制下的马尔维纳斯群岛(英国叫福克兰群岛)的“现状”,阿根廷和拉美多数力量的理解与英国官方和那个群岛上的英国居民的理解是不一样的。美国主流国际关系学者基欧汉(Robert O.Keohane)和奈(Joseph S.Nye)联合指出:全球治理“与民族国家作为根本政治组织形式并不矛盾”。全球治理“如果它不取代国家治理,如果它侵入国家和社会自主权的目的仅在于推动合作,那么全球层次的治理就可能是可以接受的”。要解决全球治理中的“信任问题”——“民主正当(合法)性”问题,为此,他们提出了“网络性的最低纲领”(最小化主义)。[①]

受基欧汉和奈的启发,我认为,所谓“现状”可能代表了如下三点:

●民族国家在形式上和内容上的继续,主权等现存国际体系的原则及其存在和实践即“国内治理”仍然是基本的,并

---

① 罗伯特·基欧汉和约瑟夫·奈:《导言》,收入约瑟夫·奈和约翰·D.唐纳胡等主编的《全球化世界的治理》(Governance in a Globalizing World)一书,该书中文本王勇等译,世界知识出版社2003年版,第12—13页。

不因为全球治理而取代国内治理，这就是为什么“全球治理不是世界政府”，尽管“世界政府”的思想在全球范围的危机年代一再被人们想起和呼吁落实。①

●西方主导现存的国际秩序和国际机制（规范、制度），而不管那些机制（如联合国安理会和国际金融机构）是否起作用，尤其是不管在解决当下的问题和危机上这些机制和机构是无所作为或者无能为力。正因为如此，在“改革”联合国安理会（UNSC）、国际货币基金组织（IMF）和世界银行（WB），以及世界贸易组织（WTO）上，尽管同意让出一些权力（主要来自欧洲一些中小国家），但美欧不会放弃对这些机构的绝对控制。

●如同中国国内的改革，从一开始就是为了完善中国的体制和制度，而非其他，从 20 世纪 70 年代以来开始的被叫作“新自由主义”的全球运动或者“全球生活”（global life），②即

① 见庞中英：《全球政府：一种根本而有效的全球治理手段？》，《国际观察》2011 年第 6 期。

② “全球生活”一词出自 James Rosenau。见 James N. Rosenau，“Governance，Order，and Change in World Politics”，in James N. Rosenau and Ernst-Otto Czempiel，eds.，*Governance without Government：Order and Change in World Politics*，Cambridge：Cambridge University Press，1992，p. 28。在这本已经成为“经典”的论文集中，全球生活是（关于）全球治理讨论的出发点。

“全球化”,因为全球治理(例如G20)而更加完善,而非中断。这如同上面提到的奈等人主编的书名提示的,全球治理是对“全球化世界的治理”。

2008年美国和欧洲先后陷入金融危机后,出现了诸如“管控全球化”、向“金融和资本交易征税”等“反(当代的)全球化”的激进观点和主张,以及实践(法国担任2011年G20轮值主席国,就推动过这样的倡议)。这类观点和主张其实与上述“原教旨”的、非激进的全球治理(对全球化只做一些必要的、最低限度的管理)不同。在几乎主要是以华尔街和伦敦金融城等金融势力为核心的全球化下,全球化一旦真的被管控起来,甚至停顿下来,就完全不符合“新自由主义”的初衷。这就是为什么在诸如G20的进程中,新自由主义的基本力量和支持者拒绝和抵制这类全球治理变革。

当然,现存全球治理在形式上没有直接挑战国家的主体权威,在实质上,全球化早已深刻地影响和改变了国家主权和国家治理。

中国在20世纪70年代末和80年代初进行“改革开放”,其中的一个外部有利因素正是英美先期于中国“改革开放”

而推出的“全球性”的政策。全球治理是管理全球化产生的“外部性”(externality)而引进的必要元素(类似古典自由主义的“守夜人”)。这一点解释了中国最终接受和拥抱全球治理的一个主要原因。

除了这个大的因素外,中国接受和拥抱全球治理还有其他原因。这里,我仅指出如下两条:

第一,金融危机后,许多国家,尤其是美国、欧洲和日本竞相推出诸如新的“凯恩斯主义”的政府干预措施(如超大量印刷货币,欧洲央行2012年9月作出无限量购买公债的决定,发动巴西等国家指责的“货币战争”),而G20等“危机管理”的国际政府间合作的地位似乎上升,意味着在全球治理中国家的作用不是减弱了,而是更大了。这一点正与中国的“治国理念”甚为契合,因为,在中国,市场化趋向的改革尽管进行了很长时间,但是,政府对经济活动的控制和介入不是减少了,而是不断加强,所以中共十八届三中全会才提出要使市场在资源配置中起决定性作用。

第二,全球治理是关于国际合作和国际贡献等“看上去美好”的东西的。当中国接受和拥抱全球治理时(2009—

2012 年)，外界当时正好认为整体的中国外交(政策)变得咄咄逼人(assertive)而国内公众的多数则认为中国外交(政策)很“软弱”，两种差别很大的论调同时甚嚣尘上。结果，中国觉得很委屈，中国在国际上并没有谋求改变“现状”，即使钓鱼岛问题，也不过是希望日本回到谈判桌，承认有这么一个争端而已，并非要打破东亚和太平洋地区的“现状”。正在这个时候，绝处逢生，中国发现了全球治理，全球治理可以帮助中国改善国际形象。

中国其实刚进入国际治理，距离全面参与全球治理实际还远得很。不巧的是，中国却用了“全球治理”。中国在讲目前以欧美为中心的金融危机时，从来使用的是“国际金融危机”。一般文件和媒体中找不到“全球金融危机”的说法。这正好是中国仍然在世界观和外交实践上处在国际治理的最好注脚。

但是，西方，尤其是欧洲，却欲实现“从国际治理到全球治理的转变”。[1] 尽管如此，考虑到中国思维方式和生活方式

---

① Tanja Bruhl and Volker Rittberger, “From International to Global Governance: Actors, Collective Decision-making, and the United Nations in the World of the Twenty-first Century”, in Volker Rittberger (ed.), *Global Governance and the United Nations System*, United Nations University Press, 2002.

中天然地具有某种模糊性和灵活性，这种不区分国际治理与全球治理，即把国际治理说成是全球治理的“公共”话语，为中国有朝一日最终重新理解全球治理提供了某种方便条件。

“全球治理向何处去？”是笔者2011年11月15日在北京举办的国际研讨会的题目，当然，那次研讨会的与会者（主要是来自中国和加拿大的学者）并未正面触及和回答这个问题。其实，这个问题即使放到世界其他角落，不同的人对此也会有不同的回应，且大多数都不会有明确的答案，因为人们对全球治理的理解、接纳和态度并不同。

美国和欧盟在2013年6月正式启动建立“跨大西洋贸易与投资伙伴关系协定”（TTIP）的谈判。向来主张全球的多边体制的欧盟也因为急功近利要退而求其次，即便非激进的现存全球治理也肯定将进一步倒退或者陷入更多困难中，而不是稳定前行。当然，有的欧洲学者认为，欧洲如此追求流行的双边和小多边安排会伤害全球的多边主义，不符合欧洲的根本利益。①

---

① 柏林德国经济研究所（DIW Berlin）所长马塞尔·弗拉泽：《欧美自贸协定弊大于利》，见英国《金融时报》中文网文章下载网址：http://www.ftchinese.com/story/001049120。

中国在现存全球治理在欧美处于低潮时刻却“加入”或者“参与”全球治理。对于全球治理的未来来说,这到底意味着什么?是意味着由于中国的加入而使既存的全球治理继续前行?还是,中国的加入和增大的贡献(如对联合国和国际金融机构)并不能让这些机构焕发活力、脱胎换骨或者起死回生?如果是这样的话,接下来的无论理论还是实践要面对的巨大问题是:中国到底如何理解、对待全球治理?中国在全球治理中的作用到底是什么?

四、中国与全球治理之间的关系

这一关系的实际情况要比学者观察到的情况复杂得多。

自 2013 年以来,中国不再满足于在现存世界秩序下的全球治理,而是要在全球治理中发挥更大作用了。

2014 年 3 月 28 日，应德国科尔伯基金会邀请，中国国家主席习近平在德国柏林发表演讲：“我们将从世界和平与发展的大义出发，贡献处理当代国际关系的中国智慧，贡献完善全球治理的中国方案，为人类社会应对 21

世纪的各种挑战作出自己的贡献。”2014 年 7 月 14 日，习近平接受拉美四国媒体联合采访时说:“我们将更加积极有为地参与国际事务,致力于推动完善国际治理体系,积极推动扩大发展中国家在国际事务中的代表性和发言权。我们将更多提出中国方案、贡献中国智慧,为国际社会提供更多公共产品。”

早在国家领导人讲话要贡献全球治理的中国方案之前,中国学者围绕着中国要不要承担更大的国际责任、到底承担什么样的责任以及不仅贡献“硬”的国际公共产品,而且贡献“软”的国际公共产品就有了讨论。2009 年 12 月,笔者就指出:“在思想危机的情况下,寻求新的世界问题解决和替代方案显得更加必要。目前关于世界发展模式的讨论,即‘美国模式’和‘中国模式’的讨论,除了人为地制造‘中国模式’及其鼓吹所谓‘中国模式’要威胁、挑战‘美国模式’,在能够解决世界面对的长期挑战上,这类争论并无真正的思想意义。正确的思考方式不是思考什么‘北京共识’取代‘华盛顿共识’,因为那是一种‘新冷战’的思考,而是思考为什么目前主导的发展模式导致了如此巨大而持续的危机?到底当今时代的世界主导模式应该是什么?”[①]2011年6月26日,笔者在北京举行的“全球智库峰会”上表示,“中国智库应当出口全球问题的解决方案”。在清华大学主办的《中国与世界观察》2011年第2期中,笔者发表了题为《中国崛起必须向世界提供问题解决方案》的文章。2011年《中国与世界观察》第3—4期合刊,笔者的《中国应该提供一套解决世界危机的知识价值》指出:“中国人不能继续等着西方提供解决危机的方案,而要靠建设中国自主的知识体系、生产西方等知识体系没有的解决问题的价值。也就是说,解决问题的方案将成为当下世界最为珍视的价值。”2014年,笔者在《人民论坛》的《学术前沿》栏目发表了题为《要有不同于西方的全球治理方案:金砖合作、全球治理与世界秩序》的文章。

习近平在2014年G20布里斯班峰会上的讲话指出:“今年是布雷顿森林会议70周年,各方都在总结布雷顿森林体系的经验,进一步完善全球经济治理。我们要以此为契机,建设公平公正、包容有序的国际金融体系,提高新兴市场国家和发

① 庞中英:《思想危机时全球问题的根源》,《环球时报》2009年12月19日。

展中国家的代表性和发言权，确保各国在国际经济合作中权利平等、机会平等、规则平等。要加快并切实落实国际货币基金组织改革方案，加强全球金融安全网。金砖国家宣布成立开发银行和应急储备安排，亚洲二十多个国家发起建立的亚洲基础设施投资银行，这是对国际金融体系的有益补充。”

有人可能以为中国真的到了提供全球问题的解决方案的阶段。实际上，中国需要对全球问题的解决贡献中国方案的政治意愿和中国能否提供不同于西方的和其他的全球治理方案之间存在着巨大的缺口。

中国加强在全球治理中的作用，不是如一些西方学者以及一些国内评论者解读的中国要挑战现存的美国主导的世界秩序（有的美国人更直接、毫不掩饰地把“现存的世界秩序”干脆叫作“美国秩序”）。[①] “挑战”论在实践上很难成立。第一，中国仍然在主张对现有的国际金融机构（世界银行和国际货币基金组织）进行改革。“改革”论更正确。第二，中国发起的一系列国际经济机构，并不是与现存的国际金融机构

① 见约翰·伊肯伯里著，赵明昊译：《自由主义利维坦：美利坚世界秩序的起源、危机和转型》，上海人民出版社2013年版。

分庭抗礼的。中国支持二十国集团（G20）成立“全球基础设施中心”，该中心设在澳大利亚，由世界银行协调。中国同意，“一带一路”及其基金、亚洲基础设施投资银行等均纳入这些全球基础设施机构中。

中国在国内治理方面仍然需要见贤思齐，进一步接受现存的国际标准。事实上，中国政府的实践是继续这样的进程。2014 年二十国集团布里斯班峰会上，中国国家主席习近平宣布，继 2002 年中国加入 IMF 的数据公布通用标准（GDDS）之后，“中国将采纳 IMF 数据公布特殊标准（SDDS）”，这一接纳将标志着中国的经济数据透明度提高、国际可比性上升。习近平宣布这一采纳后，IMF 总裁克里斯蒂娜·拉加德女士在布里斯班同时发表“欢迎”声明：“我对中国接受 SDDS 的意向表示欢迎，这将极大地促进及时和全面的经济与金融数据的提供。中国致力于改善统计数据的发布，我对此表示赞赏，并注意到近年来取得的进展。中国计划从数据公布通用系统（GDDS）提升到 SDDS，是这一进程中的下一个重要步骤。”①

① 见 http://www.imf.org/external/chinese/np/sec/pr/2014/pr14520c.pdf。

2015 年 11 月 30 日,国际货币基金组织(IMF)正式宣布人民币于 2016 年 10 月 1 日加入 IMF 的特别提款权(SDR)货币体系。

五、结　论

各国在全球治理中的态度、政策和实践是很不同的,比较政治研究需要分析其差异性。中国为什么与别的国家在全球治理中不同?

中国对待全球治理的立场和态度的演化是一个很重要的研究议题。这个研究议题非常复杂,并不太容易进行。这里试图举出如下一些例子说明这一研究的必要性和难度。

第一,中国与多边(不管是否正式)机构(制度)之间的关系。美国是通过建立和运作一些多边机构(制度)来控制、管理这个世界的。有人把这个叫作霸权的全球治理,其实,霸权治理世界并不是全球治理。美国吸引、诱惑、压迫、劝说中国参加美国主导的这些多边机构,为的是把中国纳入国际体系,即纳入美国主导的世界秩序。有美国人希望中国作为美国秩序的参加者帮助维持和延续这一秩序，为这一秩序贡献国际公共产品，即“负责的利益攸关方”(responsible stakeholder)。[①] 霸权国建立和运作多边机构(制度)并不是为了自己也受多边的约束，“刑不上大夫”。但却要求中国一定要遵守美国控制的多边规则。目前，出现了中国模仿美国也建立和运作多边机构的越来越多的情况，但显然与美国不同，中国不是霸权国，中国不想也不可能逃避即使自己建立和运作的多边机构的约束。

第二，中国有无作为外交政策一部分的“对全球治理的政策”？笔者的观点是，这一政策在中国官方正式使用“全球治理”的概念前也是存在的，只是不这样称呼。20 世纪 70 年代末起中国实行了持续到今天的“对外开放的基本国策”和中国在全球治理中的作用到底是什么关系？“对外开放”的

① 从 2005 年美国时任副国务卿佐利克要求中国做负责的利益攸关方(Robert B. Zoellick, “Whither China: From Membership to Responsibility?”, Remarks to National Committee on U.S.-China Relations, New York City, September 21, 2005)以后，有关这个主题的讨论很多。至于中国在该讲话 10 年后的目前越来越做到了“负责的利益攸关方”，如建立亚洲基础设施投资银行(AIIB)，美国却反对中国的这些作为的反常行为，则是中美关系的另一个话题。

“基本国策”的长期实行使中国与美国、欧洲主导的现存全球治理实际上已经融合,即中国变成了现存世界秩序的一部分,但是,这种融合到底到了何种程度?

第三,如何实证分析中国国内治理(尤其是经济治理)的演变与中国对待全球治理的态度的变化之间的关系?一些官方公开出版物有助于开展这一研究。中国 2001 年加入世界贸易组织(WTO)的文件,以及有关负责领导的讲话(如朱镕基)才是研究这一问题的权威文献。当然,许多相关的档案还是不能看到。通过对这些官方出版物甚至档案的研究,我们也许可以首先看到中国对待全球治理态度和政策的改变,以及由此折射的全球治理的变化(包括全球治理的转型)。

中国在全球治理中的多重角色

关于中国与全球治理之间的关系，是一个高难度的根本问题。目前国内外关于这个问题有各种说法。中国与全球治理之间的关系可以通过对 1945 年以来中国在全球治理机构的历史、现在中国与全球治理机构之间的关系、中国在全球治理的领导机构（诸如联合国安理会和 G20 等）中的作用，以及中国对未来全球治理的贡献（作用）等四个方面来定义和说明。中国与全球治理之间的关系确实非常复杂，但是，却是可以说清楚的。

第一，中国仍然在继续努力参加现存的国际制度。自从 20 世纪 70 年代末，中国就开始申请和参加这些组织了。这些组织是第二次世界大战胜利后的国际产物。从形式看，中国似乎已经参加了所有的这类组织,但是,从内容看,中国距离全面成为这类组织的成员,尤其是在这里机构中占据和发挥与中国的国家地位(世界大国)一致的作用还有一定的距离。也就是说,中国与现存国际制度(国际机构)之间的关系仍然存在着尚未解决的问题。如何解决这些问题?中国是在进行着一个双重的进程:继续申请加入那些尚未加入和融合的内容和项目,如 IMF 数据标准和 SDR;要求改革现存的国际制度,成为现存国际制度的改革者(改革现存国际制度的力量的一部分)。这一政策的继续是中国与美国在国际制度问题上不发生大的冲突的理由之一。至少从 20 世纪 70 年代末开始,美国对华政策的一个中心内容是把中国纳入美国主导的全球(国际)治理机构。中国参加现存的全球性国际机构,是这些机构在 21 世纪的包容性和合法性(正当性)的主要来源之一。

第二,改革现有的全球治理成为中国与全球治理之间关系的第二个主要内容。如何改革全球治理?中国提出的一个办法是建立一些新的机构,如亚投行(AIIB),来促进全球治理的改革。表面上看,亚投行作为新建机构属于另起炉灶,但中国否认了亚投行是挑战、替代、颠覆世界银行和亚洲开发银行(ADB),而是对世界银行和亚开行的补充,具体来说,亚投行与世界银行、亚开行等互补。亚投行等于为世界银行等的改革提供了一种新的方法。美国在欧洲和亚洲的大批盟友加入亚投行,表明了改革现存的全球治理是大多数国家的(国际)共识。①

第三,协调旧的全球治理力量和新的全球治理力量的框架已经产生,这就是G20。中国是G20的创始国,更是G20目前存在的主要理由——世界经济老牌大国和新兴大国的协调。G20达成了协议,要求改革现存的IMF等全球性机构。但是,G20中一些国家(尤其是美国),则在让G20成为"国际经济合作的主要平台"(即不是原来的G7,而是G20来管理全球经济)等存在严重分歧。中国在2016年杭州峰会上,如果能让G20在推动对现存全球治理的改革上发挥中心作用,以及让G20成为管理全球经济的主要平台,则将成为不可或缺的国际领袖。

---

① David Daokui Li,"The AIIB as China's Pilot Attempt to Reform the Global Economic Governance",Beijing: *Foreign Affairs Journal*,Summer 2015,pp.28-31.

第四,中国提出(提议)建立真正的新的国际制度(国际机构)是下一步的事情。除非中国与世界之间关系的目前势头发生大的逆转,中国为一个更加全球化的世界体系设计新的全球治理体系将不可避免。亚投行还不能算是真正的新的国际机构(国际制度)。如果中国在现有国际制度中全面融入且促进这些机构改革到位了,协调了新旧国际势力之间的关系,推动现有国际制度适应21世纪的世界现实,中国接下来才能带头建立真正的全球治理新机构。世界需要新的机构。这些新机构不是对现有机构的补充,而是与现有机构并存,甚至最终取代现有机构。如果中国设计的全球治理体系被世界认可和接受,真正的全球治理时代将开始。

有人认为,全球治理的趋势是多元化(pluralization),且把中国发起成立亚投行等看作是中国试图多元化全球治理。美国前国务卿基辛格的《世界秩序》一书中的观点,以及他关于中国发起的亚投行和现存的国际金融机构(IMF等)之间"并存"的看法,其实更代表了一些西方人的深层担忧。① 但

① 庞中英:《读懂了基辛格,就读懂了世界?》,《环球时报》2015年8月17日。

这样的担忧其实是多余的或者错误的。如上所述,由于中国继续加入而不是停止加入现存的全球治理,同时,中国为了现存的全球治理的存续而担任主要改革者与主要协调者之一,全球治理其实并不存在多元化的势头。

中国是全球治理进程的主要协调者之一

我们对G20的重要性认识得并不够。尤其是,没有从国际政治、全球治理和世界秩序的角度认识G20对中国意味着什么。

从财政、金融的角度,G20如果涉及太多的所谓“非经济”(金融)的东西,很明显觉得是不必要的负担。在回答由G20衍生出的B20、T20、L20等各类组织所能发挥什么样的作用的提问时,国际货币基金组织(IMF)副总裁朱民表示,所有各类这样的机构都反映了一个需求,即把各方面的想法和方法都综合进来去解决问题,因为G20现在对维持全球的经济稳定来讲异常重要。(财政部长)楼继伟则补充道,G20一开始只是财长和央行行长的会,由财长会向领导人峰会报告,然后在峰会上作出决定。但是现在有了各种各样的衍生品,

“我数了一下,一共有一百多个”。这上百个会议都要向财长会议作汇报,然后再向峰会作汇报。“我想到这个事情,头都大了。中国有句话是集思广益,各方面都有很多很好的意见,我们应该吸收各方面的意见,但如果最后都出口到财政部长这里,然后向峰会、向领导人报告,我们觉得恐怕很难操作”,“很多机构都是越做越大,然后做加法容易,做减法很难。轮到我们当轮值主席了,很发愁”。①

然而,若从整个国家的外交和全球趋势来看,G20 代表了主要的新旧国际政治势力的一个组合。这个组合是一度被国际政治、历史和国际战略学者吵得热烈的“国际权力转移”的解决方案。老牌的国际政治力量,如美国、欧盟和西方七国集团(G7)代表的所谓“既得力量”(established powers)和中国、巴西、印度等代表的“新兴力量”(emerging powers)通过一个框架即 G20 并存。这是难得的走向新的全球治理和新的世界秩序的有利机会。G20 是两次金融危机(1999 年 G20 的成立是为了回应“亚洲金融危机”,而 2008 年 G20 上升为政治

① 楼继伟:《G20 做加法容易做减法难》,见财新网,2015 年 3 月 29 日。

领袖的峰会则是为了回应美国为中心的“全球金融危机”)的产物。感谢金融危机,为未来的全球治理和世界秩序提供了一个理想的框架(即G20)。

这类框架之所以理想,不是因为别的,而是因为它是21世纪的大国协调(concert of powers)。笔者在2011—2014年是德国法兰克福和平研究院承担的国际合作研究项目“21世纪的大国协调——增进大国之间的多边主义”的主要研究员之一,与来自德国、法国、英国、美国、俄罗斯、印度等著名研究机构的学界同仁一道,就21世纪的大国协调进行了为期3年的系统研究。我们的结论是,在21世纪“国际权力转移”和“多极化”的趋势下,更加相互联系的全球化世界迫切需要大国协调,而不是相反。但是,目前的大国协调,从联合国安理会(P5s)到G7,并不能满足21世纪的世界政治现实。而G20和“P5s加上德国”(解决伊朗核问题的框架)等则是相对来说比较理想的面向未来的大国协调。①

① 见德国法兰克福和平研究院(PRIF)报告:A Twenty-First Century Concert of Powers—Promoting Great Power Multilateralism for the Post-Transatlantic Era,2014年10月,瑞士罗迦诺,http://www.hsfk.de/fileadmin/downloads/PolicyPaper_ATwentyFirstCenturyConcertofPowers.pdf。

19 世纪初到 20 世纪初的欧洲协调（即欧洲范围的大国协调）被视为是当代全球治理的历史起源。① 同理，21 世纪的大国协调也是 21 世纪全球治理的基础。正是从这个角度，上述“21 世纪的大国协调”研究组向全球各国推荐大国协调作为走向全球治理的途径。

笔者在 2015 年于德国应用科技大学发表的一篇英文论文中指出，中国应该率先促进亚太地区大国协调局面的形成，并进一步以 G20 为框架促进全球的大国协调。②

担任 G20 等轮值主席国就是担任国际领导，中国如何履行好这一国际领导责任？

对目前的全球治理转型来说，最关键的不是别的，而是把 G20 当作为 21 世纪的大国协调的方式之一。大国协调是全球治理的集体领导。从这个意义上，中国轮值 G20 事关全球

---

① Jennifer Mitzen, *Power in Concert: The Nineteenth-century Origins of Global Governance*, University of Chicago Press, 2013.

② Andreas Herberg-Rothe 主编的《第一次世界大战与今日亚洲的国际冲突》第 5 章，德国应用科技大学出版社 2015 年版，网址：http://www.hs-fulda.de/fileadmin/Fachbereich_SK/Professoren/Herberg-Rothe/Implications_of_World_War_I_for_the_Current_Conflicts_in_Asia.pdf。

治理的未来,是中国影响全球治理进程的最重要机会。机不可失,时不再来。

为下一代全球治理的产生作出中国的贡献

全球治理的进化与其他生命一样是分“代”的。首先是全球治理的起源,比如上面提到的19世纪产生而一战前崩溃的欧洲协调(European Concerts)是全球治理在欧洲的最早实践起源;1945年左右,为避免世界重蹈世界大战而设计的第二次世界大战后国际安排,从联合国到国际金融机构(布雷顿森林体系);冷战(20世纪40年代末到80年代末)使这些二战后的国际治理(即全球治理的前身)无法发挥作用,联合国安理会和布雷顿森林体系不是全球性、统一性和包容性的,因为世界划分为美国和苏联两大集团、两大阵营;冷战结束后,全球治理的呼声出现,开始探讨联合国改革方案,国际金融制度(国际金融组织)的改革也提上议程。但是,如上所述,无论是联合国还是国际金融机构的改革,实质进展不大;在21世纪,一个越来越全球化的世界面对许多全球问题更加需要全球治理,但谁来提供全球治理?

自从布雷顿森林体系的固定汇率体系在20世纪70年代初“崩溃”以来,世界各地的人们在探讨、设计“后布雷顿森林体系”(post Bretton Woods System),提出了一系列新的关于国际货币体系、国际(全球)金融治理(安排)的构想、计划、倡议。

过去30多年中国经济的高速增长与现存全球治理之间的关系,需要在学理上深入研究,包括有足够的正反两面的历史数据支持,更需要宏观理论的支持。

中国高速增长之所以可能,与中国加入并“强化”现存的全球治理有关。这一点应该毫无疑问。正因为如此,许多人认为,中国过去30多年从现存的全球治理中“受益”,尽管这些主张者并没有进行本文主张的严格的学术研究:即仔细认真地探讨中国过去的增长与全球治理之间的关系。然而,从逻辑上讲,如果认为现存全球治理已经变成中国下一步增长或者由于增长导致的发展的阻力,或者消极因素,那么,中国就需要寻求全球治理的变革。

全球治理改革确实很复杂,而不是很简单。也就是说,即使认为过去中国的增长和发展与现存全球治理有关,即现存的全球治理是中国增长和发展的主要因素之一,也并不能保证现存的全球治理仍然继续保证未来中国的增长与发展。

中国能否、是否是全球治理变革的新的驱动力?

(本文原载《人民论坛》出版的《学术前沿》2015 年第 9 期)

中欧在全球治理中的合作

新任欧盟委员会副主席兼欧盟共同外交与安全政策高级代表费代丽卡·莫盖里尼(Federica Mogherini)于2015年5月31日在新加坡举行的"香格里拉对话"会议上表示,截至2015年5月底,欧盟在全球有十个"战略伙伴"(strategic partner),其中四个在亚洲,日本、印度、韩国和中国是欧盟在亚洲的战略伙伴。全球治理事关眼下,更关系未来。中欧能否或如何强化处在十字路口的全球治理而成为真正的战略伙伴,则显得十分重要。①

国际上一般公认,冷战结束后,特别是2008年(金融危机

① 欧盟官方网站:http://eeas.europa.eu/statements-eeas/2015/150531_02_en.htm。(访问时间:2015年6月11日)

爆发)以来,全球治理(具体体现为第二次世界大战结束后建立与运行的全球性机构)进入一个大的转型时期,即我们目前处在全球治理的转型阶段,但这一转型充满不确定性。

从西方的角度看,中国、印度、巴西等“新兴大国”的“崛起”代表了历史性的“国际权力转移”。“新兴大国”要求在现存的全球机构中获得更大的代表性和发言权,甚至决策权。

从“新兴大国”的角度看,新兴大国展现出越来越多的世界抱负,为世界提供着新的国际规范。如巴西就不接受西方提出的“保护的责任”(R2P)作为新的国际规范,而是提出了把“保护的责任”修改为“责任和保护”(responsibility while protecting)。这一修改代表了巴西旨在参与新的国际规范的塑造。

西方主导的全球治理及其机构,即使不存在“新兴大国”的改革要求,也越来越难以适应变化了的世界,所以,改革全球治理及其机构,也符合西方的长远利益,否则,这些机构迟早会被历史淘汰。欧洲作为西方的主要组成部分,最早认识到改革现有国际机构的必要性。总体来看,欧洲也是国际机构的改革者。①

由中国发起的亚投行是上述全球治理转型过程中的一个积极而重大的发展,是中国对全球治理的一大贡献。欧洲主要国家对亚投行的反应与评价和美国、日本不同,大都加入了亚投行,与其他国家一道,缔造了新的全球治理史。

加入亚投行是欧洲一个极富远见的决定,体现了在全球治理中一直发挥着中心作用的欧洲(欧洲一直定义其为全球治理中的"国际规范力量")把中国看作了决定今后全球治理走向的一个关键因素。

在过去的几年,尤其是2008年以来,中国与全球治理之间的关系成了欧洲关于全球治理争论的核心。② 许多欧洲学者和政要都深深地卷入了这一争论。

欧盟前任共同外交与安全政策高级代表、前北约秘书长索拉纳(Javier Solana)在《中国与全球治理》一文中指出:"毫无疑问,过去二十多年最具有结果意义的事态发展是中国的

---

① 截至2015年5月22日,根据在新加坡举行的亚投行筹备会议,共有17个欧洲国家将成为亚投行的创始成员。

② [法]肖逸夫(Yves Tiberghien):《亚洲与世界的未来》,社会科学文献出版社2015年版,第11页。

崛起。但是,西方没有很好地随着中国等新兴大国的崛起而改变自己。这些新兴大国值得在全球治理机构中增大他们的影响。”

索拉纳的看法在欧洲具有代表性。在一些欧洲人眼里,中国在过去与其他发展中国家之间的关系中并没有遵循现存的西方确定的“最佳国际惯例”。例如中国向发展中国家提供的贷款就“不附加政治(治理)条件”。所以,西方一直要求中国进行“改进”,以采纳“国际标准”提供这些贷款。西方推荐的改进途径是,中国减少单边与双边方式,而是更多地采取多边方式,因为,多边机构有助于中国接受更高的“国际标准”。这里的“国际标准”,显然是指主要由西方来制定的,目前是“国际规则”或者“国际规范”的一系列东西。

索拉纳基本道破了欧洲国家加入亚投行等中国发起的国际组织的主要动机。中国转向诸如亚投行之类的多边机构正中欧洲国家对中国的期待。中国过去加入多边机构,受到欧洲的欢迎,如今则发起组织多边机构,欧洲继续欢迎甚至支持。中国发起新的多边机构,对欧洲也是挑战,但欧洲回应此挑战却不同于美、日:欧洲不能缺席亚投行,以便支持“中国走上正确的道路”。而且,欧洲的加入,可以从根本上防止亚投行与世界银行等国际金融机构之间的不良竞争,甚至阻断“新兴大国”建立与现存国际组织平行(分庭抗礼)的国际组织的企图,确保新建国际机构只是补充或者弥补现存国际机构的不足。

正因为如此,索拉纳呼吁西方尤其是美国,一定要鼓励和欢迎中国采取多边方式与世界维持关系。作为美国布鲁金斯学会的特聘高级研究员,索拉纳呼吁美国和日本如同欧洲那样,欢迎中国对多边主义的支持,让中国在现存全球治理结构中获得与中国经济实力匹配的地位。①

不过,在密切关注中国行动对全球治理冲击的同时,目前欧洲自身却处在一个历史的转折点上。持续六十多年建立在重大而持久的政治决定基础上的欧洲一体化面临着进退两难的局面。在欧盟内部,“疑欧”甚至“反欧”的力量似乎在持续上升。一些本来就三心二意的成员国,例如最大的成员国之

① Javier Solana, “China and Global Governance”, 30 March, 2005. See: ttp://www. project-syndicate. org/commentary/china-multilateral-institutions-threaten-us-by-javier-solana-2015-03.(访问时间:2015 年 6 月 11 日)

一英国要与欧盟重新谈判,而英国与欧盟谈判策略之一是在英国举行是否继续留在欧盟的全民公决。

“英国退出欧盟”(Brexit)不仅是英国与欧盟谈判的一种策略,有许多有影响的欧洲评论家认为,从长期看,英国退出欧盟的可能性是存在的。当然,英国国内的“亲欧”势力也不可低估。例如,2014年仍然留在大不列颠联合王国的苏格兰是亲欧盟的,不希望英国退出欧盟。① 如果英国与欧盟谈判引起了其他欧盟成员国的效仿,这将引起欧盟内部大的震荡。而希腊等深受债务危机折磨的欧盟成员与欧盟的谈判步履艰难,也一样引发了希腊国民对欧盟的怨恨。对这些国家来说,欧盟的吸引力已大大下降,今不如昔。希腊退出欧元区的可能性一直没有排除(Grexit)。而与希腊情况类似的国家不少,例如西班牙,其国内政治进程的结果将对欧盟进程构成重大挑战。

欧盟在其内部发生如此严重问题的情况下,仍继续推动

---

① Joschka Fischer, “Europe and Anti-Europe”, 30th May 2015, see: http://www. project-syndicate. org/commentary/grexit-brexit-europe-anti-europe-by-joschka-fischer-2015-05.(访问时间:2015年6月11日)

其“共同外交与安全政策”(CFSP),试图在全球事务中发挥更大的作用。但看得出,欧盟在发挥全球作用上已有些力不从心。

中国目前推动的“一带一路”国际倡议不是要与世界上任何力量,尤其是与西方进行地缘政治的对抗和竞争,而是要推动世界实现秩序与治理。这一重大决定标志着中国对外开放进入新阶段,为世界经济增长与经济全球化注入新的活力,即通过世界最大经济体之一的中国主动“走出去”,使其他国家主动地与中国经济“对接”或“相通”,带动世界经济进入新阶段。

有些欧洲精英似乎准确而及时地抓住了中国“一带一路”倡议的实质和长远意义。例如,法国前总理德维尔潘就是这样看待的。在他看来,“‘一带一路’不只是一个外交倡议,还是一个有深刻变革意义的国际政策”。“‘一带一路’是以一种非常积极的方式面向未来,是一个建设性的、开放的未来版图,将给世界的重要地区带来更多的安全、稳定和发展”。“当今大多数的国际政策是面向世界的,试图解决问题、应对危机,而‘一带一路’则是高瞻远瞩的,寻求以积极的姿态转变现有世界格局”。德维尔潘认为:“欧洲在‘一带一路’上发挥关键作用非常重要,从历史地理角度来讲,法国是欧洲的一个主要枢纽,在加强东西方联系上,法国也有非常具体的作用要发挥。”①

更早一点,在欧洲社会普遍对目前形式与内容下的全球化表示怀疑甚至抵制的情况下,德维尔潘认为中国正在成为全球化的主要驱动力量:“全球化的发展形势和重心已发生改变,而法国和欧洲却受西式自由主义的全球化旧观念影响,抱守以往的经济金融陈规不放,看不太清这一新趋势。真正能反映出当前全球化新趋势的,是中国国家主席习近平提出并作为经济和外交优先战略的‘一带一路’倡议。这一倡议旨在重现唐朝时期东西交流的盛景,同时为中国解决一系列自身重大挑战提供灵活框架:从推动中国经济国际化、提升人民币在全球贸易中的作用、发展内陆省份、扩大内需,直到加强国际合作以解决新疆矛盾。”②

---

① 《对话法国前总理德维尔潘:一带一路重构国际秩序,美日难回避》,《澎湃新闻》2015 年 5 月 26 日。

② 《法国前总理德维尔潘:欧洲应抓住“一带一路”机遇》,《人民日报·海外版》2015 年 3 月 15 日。

但是,不是所有欧洲人都像索拉纳或者德维尔潘那样评价中国与全球治理之间的关系。“一带一路”倡议和亚投行也引起了欧洲一些人的担心,不少评论和研究,把“一带一路”和亚投行为标志的中国国际行动与世界秩序的变动挂钩,甚至思考由此是否会改变现存的西方控制的全球体系。①

加入亚投行,以及对“一带一路”做出不同于美国的反应,并不是说,欧洲解决了他们所面对的“中国挑战”。

在全球治理转型中欧洲对中国的动向有两点值得关注。

第一,欧洲判断,中国将继续留在现存秩序中,但同时又追求修改(改革)现存秩序,并开始着手制定新的国际规则。在这种情况下,“西方必须决定是否要在其他人的计划中成为利益攸关方”。② 如果加入,是否意味着他们反而接受某种

---

① 乔治·马格努斯:《一带一路能否改变全球体系》,FT 中文网,2015 年 5 月 7 日, http://www.ftchinese.com/story/001061874。(访问时间:2015 年 6 月 11 日)

② 菲利普·斯蒂芬斯(Philip Stephens):《中国开始制定国际规则》,英国《金融时报》中文网,2015 年 6 月 1 日,http://www.ftchinese.com/story/001062288? full=y。(访问时间:2015 年 6 月 11 日)

程度和方式上的中国主导或者中国领导？如果不加入，是否意味着他们与中国在全球治理中的对抗升级？

第二，在国际规则问题上，欧洲对中国老调重弹，晓以利害。费代丽卡·莫盖里尼指出，欧盟也介入了亚洲的海洋争端，强调“航行自由”的必要性，要求有关国家按照国际法和国际规则即共同的规则活动，强调“欧盟需要维持一个依据国际法的海洋秩序”。具体来说，在中国南海问题上，国际法就是《联合国海洋法公约》(the UN Convention on the Law of the Sea)。“欧盟反对诉诸武力或者以武力威胁解决海洋争端，而是要和平地解决争端。欧盟支持东盟与中国的《行为准则》(COC)谈判，并希望这个谈判尽快达成结论。”

欧洲对中国最近参与全球治理的举动的反应以及由此与中国的互动，与美国对同一个问题的反应以及与中国的互动不同。这代表了一种新的对待中国的欧美差异。无论是奥巴马政府，还是美国从事外交政策研究的智库，大都把中国发起的亚投行等行动看作是“对美国国际领导地位的威胁”，“中国寻求单方面地改变国际秩序，以创造一个新的秩序，挑战美国的领导地位以及分化西方”。①

这一欧美差异对于全球治理的转型意味着什么?

前面所提到的索拉纳的文章《中国与全球治理》在结束时说:“中国进入多边主义进程对于欧洲来说是好消息。”到底该如何评价索拉纳讲的中国支持与贡献多边主义对欧洲是一个好消息?

全球治理起源于欧洲,而欧洲联盟则是全球治理在一个地区层次上的成功。在全球层次,欧盟也主张寻求新的方式加强以规则为基础的具有约束性的多边合作,共同应对全球挑战和寻求全球解决方案。欧盟这样思考和行动,主要是其对于世界局势的判断:这是一个“后霸权(确切地应为‘后美国霸权’)时代”。在这样一个时代,依靠霸权成立与运作的国际制度(如世界银行)效率越来越差,而且缺乏代表性(缺乏国际合法性)。而欧盟也不可能指望、也不会接受取代旧的霸权的新霸权诞生,或者几个大国组成联合霸权,因为这与

① Jeremy Shapiro,“The Chinese Foray into Global Governance”,The Brookings Institution, April 1, 2015. See: http://www.brookings.edu/blogs/order-from-chaos/posts/2015/04/01-china-global-governance-shapiro.(访问时间:2015年6月11日)

第二次世界大战结束以来的欧洲地区治理在本质上是有内在冲突的。欧洲在二战后通过地区主义和多边主义建立并维持了欧盟。这是20、21世纪的世界体系不同于以往的新生事物。

欧盟欢迎与支持中国发起的亚投行说明多边合作是中欧合作的一个共同价值基础。中欧如果能够继续增大这样的价值基础,将成为以多边主义为基础的全球治理支柱。

欧盟作为既非国家又非地区组织的特殊国际行动者,拥有外交政策(CFSP)和外交代表机构(欧洲对外行动署及其派驻全球的代表团),是WTO等许多国际组织的成员。G20其实只有19国,包括5个欧盟国家,加上欧盟才是“二十国”。G20于1999年诞生在欧盟(德国)。在2008年G20升格为领导人会议以后,先后有英国(2009)和法国(2011)担任G20轮值主席国。G20杭州峰会为中欧在全球治理中的战略合作提供历史性的机会。本文在此建议建立中欧G20合作框架,共同推动G20实现其“国际经济合作的主要平台”(2009年G20匹兹堡峰会公报)的目标。

(本文原载《当代世界》2015年第7期)

全球治理与地区协调:以亚洲为例

一　思考框架和研究方法

一般认为,欧洲协调(European Concerts)即会议体系(Congress System)持续一百年(1815—1914 年),从拿破仑的欧洲战争失败到第一次世界大战爆发。这是截至目前,国际关系史上持续最久也是最成功的主要国家之间的协调(concert of powers),其结果是欧洲的“百年和平”(The Hundred Years' Peace)。卡尔·波兰尼(Karl Polanyi)在《巨变》(大转型)的第一章中分析了(欧洲)的主要国家之间的(强国)协调(concert of powers)在带来“百年和平”上发挥的作用。“百年和平”表明主要国家之间的协调是国际治理的有效途径。①

欧洲协调是今天的全球治理的古典实验,被视为全球治理的起源之一。② 欧洲协调可以认为是今日欧洲联盟的起源之一。欧洲协调总结出来的一个规律是,主要国家之间的协调(concert of powers)是建立维持和平(秩序)、防止战争的有效手段。欧洲联盟是现代化的、高级的、复杂的主要国家之间的协调。

欧洲协调的历史经验和理论在当代仍然具有重要意义,但是要适用于非欧洲地区,如亚洲,则需要关于主要国家之间的协调的新理论。德国法兰克福和平研究院(PRIF/HSFK)主持提出的"21 世纪的主要国家之间协调"的理论框架:有关的国家(尤其是大国)选择主要国家之间的协调作为 21 世纪国际关系中面对的尖锐而迫切的挑战——"权力转移"的解

① [匈牙利]卡尔·波兰尼:《巨变:当代政治与经济的起源》,黄树民译,社会科学文献出版社 2013 年版,第 55—56 页。

② Jennifer Mitzen, *Power in Concert: The Nineteenth-Century Origins of Global Governance*, Chicago: University of Chicago Press, 2013.

决方案,避免战争,形成长期而稳定的21世纪的全球和平。①笔者是法兰克福和平研究院关于“21世纪的主要国家之间协调”项目的主要作者之一。根据该项目的理论框架,本文的中心主张是:亚洲协调是解决亚洲以及太平洋地区目前面对的严峻安全挑战和安全困境的明智而有效的解决方案。

欧洲一体化深深地启发了世界其他的地区。亚洲一直有人主张建立类似的地区一体化。但是,“东亚共同体”等亚洲地区一体化的实践面对重重障碍,进展有限。在安倍政府下,日本修改《和平宪法》,推翻第二次世界大战结束后形成的地区秩序,重新谋求在亚太地区的主导地位,而“东亚共同体”方案目前成为少数人,如日本前首相鸠山由纪夫(Yukio Hatoyama)等人的主张。作为“新兴”国际权力的“中国崛起”仍

① 德国法兰克福和平研究院:《21世纪的全球强国协调》(政策报告),2014,http://www.hsfk.de/fileadmin/HSFK/hsfk_downloads/PolicyPaper_ATwentyFirstCenturyConcertofPowers.pdf。本文作者是该项目的主要参加者之一。而该项目理论卷的第一章见[德]哈拉尔德·米勒、卡斯滕·劳赫:《管控权力转移:面向21世纪的大国协调机制》,《国际安全研究》2016年第4期。米勒教授曾是德国政府军控谈判前首席代表,原法兰克福和平研究院院长,法兰克福大学国际关系教授,是该项目的主持人。

然是局部意义上的,即主要是经济意义上的。而且目前中国经济在长期粗放而高速增长后进入低速增长阶段(新常态),转型困难。美国试图维持在亚太地区的主导甚至霸权地位。尽管美国的多数盟国和朋友继续追随美国,但是,面对“权力转移”,他们中的大多数在“对冲”(hedging)。在更加复杂的环境中维持美国主导地位需要付出的代价太大,而且这些美国的追随者也不是无条件的。广义的东北亚(加上中国、俄罗斯的全部)并非完全由美国主导。而目前亚洲和太平洋地区的格局是,美国、中国、俄罗斯、日本、韩国、朝鲜和印度以及至少两个地区组织(上海合作组织和东盟),形成了21世纪的一种多极均势。

冷战结束后,亚洲和太平洋地区逐步变成了一个高度复合的会议体系,召开了数不清的国际会议,从经济上的亚太经合组织(APEC)到安全上的朝核六方会谈,其中形成了以东盟为主导的会议体系和以上海合作组织为代表的会议体系。美国深深卷入第一个会议体系却不在后一个会议体系中。中国则参加了几乎所有的亚洲和太平洋地区论坛。从2009年到2017年的美国奥巴马政府奉行“转向亚洲”(pivot to Asia)

的政策。这一政策导致以美国为中心的跨太平洋体系的出现（以经济上的《跨太平洋伙伴关系协定》（TPP）和日益多边化的美国同盟体系为代表）。中国恰恰不在美国最新组织的跨太平洋体系中。TPP 等正在降低对中国市场的依赖性。在双边关系方面，中国极力与美国协调，形成“新型大国关系”，但是，与中美协调相比，中国与日本的协调则陷入更大的僵局，中日可能走向战略性的长期化的对抗。中印之间的传统领土纠纷和地缘政治冲突等得到一定的控制，全球合作增加（如在气候变化治理、金砖合作、亚投行等），印度在与美国的关系取得重大进展的同时加入了上海合作组织。

本文认为，在不自觉的、缺少主动设计的亚洲协调基础上，如果自觉、主动设计和建立适应亚洲和太平洋目前现实（格局）和能够引领未来的亚洲协调，可以为可能趋于混乱、失控的多极亚洲提供新型的地区治理。但是，亚洲协调能否出现，取决于本地区主要国家的选择。本地区的“中等大国”，选择主要国家之间的协调相对容易，且符合其根本利益；本地区重要的中小国家，已经越来越依赖地区安全治理，东南亚各国组成的东盟已经升级为东盟共同体；美国是否选择亚洲协调并不明朗;从现实与长远来看,中国具有选择亚洲协调的必要性、迫切性和可能性。中国若选择亚洲协调,这将是中国新的对亚洲(和太平洋地区)的政策,具有重大的转折性意义,必将产生全球安全治理上的良性循环。

以下,本文将讨论亚洲协调有关的几个具体问题。

二 “贸易和平”与“发展和平”

从 1979 年中国对越自卫反击战以来到现在,亚洲地区并没有大的战争,是国际关系史上接近四十年的相对长时期的和平。这个和平为什么出现?现在是研究这一和平形成的主要原因的时候了。

能够解释这一和平的已有国际关系理论当然是“贸易和平”论(Peace Through Trade,the trade paradigm in international relations)。确实,到 2015 年,中国已经是几乎所有亚洲和太平洋国家的最大贸易伙伴。似乎,“贸易和平”论的有效性在亚洲得到了有力证明。

中国这一时期的外交政策总体上叫做“和平发展”。除了中国经济在高速增长，以发展为中心，亚洲其他国家，尤其是印度和东南亚国家，都是以发展为中心。“和平与发展”甚至被总结为“世界的主题”。至少，“和平与发展”是亚洲在过去 30 年（1980—2010 年）的主题。这个主题被英国国际关系理论家总结为“发展至上”（econophoria），[①]即邓小平说的“发展是硬道理”，或者，正如中共十七大和十八大政治报告指出的“发展是第一要务”。

在国际关系理论上，“和平发展”具有重大意义。之所以这么说，是因为发展，尤其是中国和印度、东南亚国家的“发展”都是和平的原因。在“贸易和平”理论之后，和平理论在亚洲得到重大发展，这就是本文指出的“发展和平”理论。

但是，无论是“贸易和平”还是“发展和平”，都存在着尚未解决的问题。例如，贸易或者发展本身存在着争夺，即贸易争端和发展冲突，如资源争夺。即使贸易和发展就是和平的根源和保障，一旦贸易和发展降低或者中断，是否和平就会终结？为了和平，如何实现可持续贸易与可持续发展？

---

① Barry Buzan and Gerald Segal, *Anticipating the Future: Twenty Millennia of Human Progress*, London: Simon and Schuster, 1997.

有人一直质疑“贸易和平”论，“和平发展”论也有其批评者。

总之，仅有“贸易”和“发展”对于“和平”是不够的，而且“贸易”与“发展”，尤其是失衡的、不公平的、掠夺性的、战略性的“贸易”与“发展”，非但不能导致和平，而且可能导致冲突，甚至战争。

三　不排除亚洲地区战争的可能性

在第一次世界大战爆发一百周年的2014年前后，国际学术界（尤其是欧洲学术界）出现了一种历史类比（analogy），这一类比主要是关于昨天的欧洲（20世纪初期）与今天的亚洲（21世纪初期）：昨日欧洲不幸走向冲突与战争，今日亚洲也有可能走向冲突与战争。①

今日亚洲和昨日欧洲不同，21世纪与19世纪和20世纪

---

① 对这一类比的概括可以见亨利·基辛格（Henry Kissinger）反复强调的观点：“亚洲更像是19世纪的欧洲，存在着爆发更大的军事冲突的可能性。”参见 Henry Kissinger, Remarks at the 50th Munich Security Conference（MSC）, February 1, 2014, http://www.state.gov/secretary/remarks/2014/02/221134.htm。

也不同。但是,这种类比具有可比性,即使这一类比仅仅揭示了昨天的欧洲与今天的亚洲的似曾相识,但它对借鉴昨日欧洲的经验教训以及解决问题的方案来应对今日亚洲面对的深重挑战是有意义的。

在持续的经济繁荣下,亚洲的地区安全问题总是没有经济增长更受人关注。在过去 40 年(自 20 世纪 70 年代到现在)亚洲的安全挑战持续积累。这如同“累卵”,其危险性不言而喻。最危险的不是一般的争端、暴力与冲突,而是大战。大战是大国卷入的或者大国之间进行的战争。大国之间的战争不是必然要发生的,却是不能排除的。① 朝鲜半岛爆发战争的可能性一直存在。有关国家外交政策的大前提是防止战争。“韩国对朝政策的大前提应该是什么?毋庸置疑,那就是防止战争。”②

在这种争论中,一些突出的国际关系理论认为,“权力转移”(power transition)的后果之一是有关方面陷入“修昔底德

① Christopher Coker, *The Improbable War: China, the United States and the Logic of Great Power Conflict*, New York, NY: Oxford University Press, 2015.

② [韩]金永熙:《韩国应放弃部署萨德计划》,韩国《中央日报》网络版 2016 年 7 月 1 日,http://chinese.joins.com/gb/article.do? method=detail&art_id=153842。

陷阱”(Thucydides Trap)。“修昔底德陷阱”的意义在于提醒“崛起国”和“霸权国”,无论霸权国还是崛起国都要避免冲突。当然,“崛起国”和“霸权国”的分析框架仍然是高度简化的。崛起的过程绝非可持续,崛起的速度也不是持续高速,崛起也可能放慢,甚至中断,而“霸权国”与“崛起国”的关系也并非水火不容,实际上,“崛起国”与“霸权国”贡献的世界秩序存在着密切关系,“崛起国”也逐渐成为世界秩序的主要贡献者,“崛起国”和“霸权国”在同一个秩序下共处并合作。

一方面,经济的持续繁荣与活力是和平的一个重要或者甚至是主要因素(西方传统的“贸易和平”与中国等提供的“发展和平”),这种和平可能持续很长时间(即在一个地区范围内,各国的经济增长此起彼伏,经济增长成为地区事务的主题,如20世纪70年代到90年代日本在西太平洋地区主导的“雁阵模式”),这种和平就可大体持续。

另一方面,过去的经济繁荣与活力也是因为存在“太平洋秩序”(Pax Pacifica)。[①] 这一秩序首先是日本等美国的盟

---

① Graham Allison, "Avoiding Thucydides' s Trap," *Financial Times* (*London*), August 22, 2012.

国经济增长和活力的保证。后来,其他亚洲国家的经济增长与活力也是在这一秩序下进行的。

但是,已有或者既存的"太平洋秩序"存在着很大的局限性:第一,这一秩序是以美国为中心的,所以,常常被称为"美国秩序"(American Order)。第二,这一秩序不是无条件准入的,尤其是在政治和安全等地区性制度安排上,美国的非盟友并不在其中,或者它们处在这一秩序的边缘位置。即在这一地区秩序下,尽管有各种各样的安排,但没有一个包括所有国家和利益攸关方的"架构"。所以,这一秩序或者和平并不是当然的。一旦支持和平的长期高速经济增长下降到一个危险的水平,在地区层面的紧张、冲突甚至战争就可能产生。这正是目前亚太地区面对的具有历史转折点意义的局面。同时,上述秩序与美国的非盟国之间的关系变得复杂化:现有秩序接受、容纳(accommodation)和吸纳(integration)本来就不在美国同盟体系内的、现在又被视为"崛起国"(如中国)的意愿和能力下降,而美国的非盟国(如中国)加入现有秩序的意愿和能力也在下降,但它们却在创造一种与现存秩序平行的地区秩序上有所作为。在这种情况下,"国际(世界)秩序之争"出现并可能愈演愈烈。

欧洲范围之内，国际战争早已成为历史，即使欧洲联盟不存在，也很难想象欧洲国家之间重开1945年以前的长期的战争历史。亚洲完全不一样，从20世纪70年代以来经济增长主导了亚洲地区的国际关系，但是，国家之间的冲突只是被掩盖起来，并不是如欧洲那样从本源上根除了。现实的国际关系问题、领土纠纷、发展所带来的冲突和民族主义等仍然是亚洲国际战争的根源。

四　亚洲协调已具基础

冷战结束后，亚洲协调或者类似（准）亚洲协调在亚洲得到一些发展。如目前亚洲地区出现的各种地区机制、安排和会议（论坛）等，均可以视为亚洲协调。它们可以分为如下几类：

第一类，是亚洲地区多边进程。该进程既包括中国也包括美国，亚太经合组织（APEC）从成立之初就包括了美国和中国。而该组织的“亚太”二字就是一个冷战结束以后的美国概念。东盟于20世纪90年代初(冷战刚结束和东盟刚扩大)创建的东盟地区论坛(ARF)及其"东盟+"进程,这些进程一直发展到美国和俄罗斯、印度等都参加的"东亚峰会"(EAS)的成立。

第二类,是临时的、特别的陷入僵局或者已经失败的进程。该进程既包括中国也包括美国。这里指的是2003年开始和2007年中止的朝核危机六方会谈。尽管中国等直到现在仍然呼吁重开六方会谈,但这一进程仍然停滞不前。

第三类,是没有美国的地区多边进程(地区组织)。这里,最重要的是上海合作组织(SCO),该组织不可能包括美国,因为美国不是亚洲也非亚欧国家。而另一个不包括美国的地区进程则是亚欧会议(ASEM),这是亚洲(尤其是东亚)和欧盟之间的对话与合作进程。

第四类,是没有中国的地区多边进程。冷战结束后,美国的战略之一是尽可能把中国纳入国际制度和地区组织(地区会议),而中国也竭力加入(融入)各种国际组织和地区会议,但自从2011年美国正式开展"转向亚洲"以来,美国主导的最为重要的跨地区进程却没有包括中国,这里主要是指《跨太平洋伙伴关系协定》。这一排斥(exclusion)中国的现象正好与2014年俄罗斯因为乌克兰危机被开除出八国集团(G8)等排斥现象在同一时段发生。一个更大的排斥现象是,中国在世界贸易组织(WTO)中的“市场经济地位”问题非但没有如期解决,反而成为中国与美国以及欧盟之间的一个突出问题。

没有美国的上海合作组织和没有中国的《跨太平洋伙伴关系协定》也许是21世纪全球分裂的不安事件。

在一些非官方、半官方或者“1.5、2.0轨道”的进程中,中美从合作走向冲突。例如,中美在英国国际战略研究院(IISS)于新加坡举行的亚洲安全峰会(“香格里拉对话”)上的冲突。①

对于美国而言,这些跨地区的多边进程,在美国对外政策中并不占据中心或者主导的地位。美国在亚洲地区的存在仍然依靠其单边自由行动、双边同盟(军事、政治、战略),而不是上述多边机制。

---

① 见维基百科对上合组织的介绍,https://en.wikipedia.org/wiki/Shangri-La_Dialogue。

对于中国而言,情况则不一样,中国对多边机制的借重有一个转变过程。从冷战后的1992年到2016年,一开始,中国是不相信也不依靠多边机制的,但到后来,已经非常倚重多边进程。中国在上海合作组织和六方会谈中担当了“领导”。而中国借重在五花八门的国际安全会议中并不突出的亚洲相互协作与信任措施会议(简称亚信会议,CICA),①提出了一些解决地区安全问题的建议,这种建议本身显示了中国希望地区多边机制成为地区安全治理的主导机制。

在2014年举办的亚信会议上,习近平指出:“中方建议,推动亚信成为覆盖全亚洲的安全对话合作平台,并在此基础上探讨建立地区安全合作新架构。”但更加受到国际社会关注的是中国提出的亚洲安全的地区主义:“我们要坚持和发扬亚洲国家长期以来形成的相互尊重、协商一致、照顾各方舒适度的亚洲方式,加强地区各项安全机制协调,围绕彼此一致或相近目标逐步开展合作,形成合力,求得实效。在此基础

① 见维基百科对亚信会议的介绍,https://en.wikipedia.org/wiki/Conference_on_Interaction_and_Confidence-Building_Measures_in_Asia。

上，可以逐步探讨构建符合亚洲特点的地区安全合作新架构。”[①]这一亚洲安全的地区主义被简单地指责为亚洲版本的门罗主义。[②] 针对门罗主义的指责，中国国家主席习近平在2016年出席亚信外长会议时指出：“我们欢迎域外国家为亚洲和平发展贡献正能量，同亚洲国家一起促进亚洲安全稳定和发展繁荣。”[③]

在中国看来，到底如何建立这一架构？

“建立符合地区特点的安全架构。亚洲存在多个安全合作机制，在维护地区安全方面都发挥着一定作用。我们要坚持和发扬亚洲国家长期以来形成的相互尊重、协商一致、照顾各方舒适度的亚洲方式，加强地区各项安全机制协调，围绕彼此一致或相近目标逐步开展合作，形成合力，求得实效。在此基础上，可以逐步探讨构建符合亚洲特点的地区安全合作新

---

① 习近平：《凝聚共识 促进对话 共创亚洲和平与繁荣的美好未来——在亚信第五次外长会议开幕式上的讲话》，《人民日报》2016年4月29日。

② 杨成：《看亚信：中国版“门罗主义”错觉》，澎湃网，http://www.thepaper.cn/newsDetail_forward_1246742。

③ 习近平：《凝聚共识 促进对话 共创亚洲和平与繁荣的美好未来——在亚信第五次外长会议开幕式上的讲话》，《人民日报》2016年4月29日。

架构。亚信非政府论坛等平台可以就此进行研讨,就地区安全合作的原则、重点方向等提出设想和建议。”①

“域外国家”这一提法具有重要意义。这是亚洲地区主义的一个核心内容,它说明了亚洲合作的性质和中心是亚洲的,亚洲的问题由亚洲解决。强调美国是亚洲的“域外国家”的事实并不是排斥美国的,更不是中国版的门罗主义,却有助于把亚洲与美国的关系定义清楚,给美国在亚洲的介入划界。欧洲地区主义也一样不会承认美国是欧洲国家。美国是通过大西洋联系欧洲的。美国不会被邀请做欧盟的成员。所以,美国也是欧洲的“域外国家”。在亚洲,不管是现在的东盟共同体还是上海合作组织,以及将来的“东亚共同体”和“亚洲联盟”,不会有美国的成员地位。美国也不可能自封为亚洲国家,它是通过太平洋与亚洲联系的。

在不可能以亚洲国家的身份参与亚洲多边的安全架构的情况下,对美国来说,“跨太平洋”就显得更加重要。但是,“跨太平洋”的“跨”确认了美国的“域外国家”身份,也不可

① 习近平:《凝聚共识 促进对话 共创亚洲和平与繁荣的美好未来——在亚信第五次外长会议开幕式上的讲话》,《人民日报》2016年4月29日。

能包括所有的亚洲国家。一个危险是，美国通过“跨太平洋”机制分裂了亚洲，形成参加美国组织的“跨太平洋”的亚洲国家和不参加美国组织的“跨太平洋”的亚洲国家。亚洲协调要做的事情是维持亚洲的统一，协调现有各种亚洲地区安全架构和跨太平洋地区安全架构之间的关系，协调亚洲与美国的关系。

五　亚洲的地区组织（地区制度）在亚洲协调中的作用：以东盟为例

比较成熟的亚洲地区组织之一是东南亚国家联盟，简称东盟（ASEAN）。东盟本身就是在亚洲的一个次地区东南亚的亚洲协调。由于东盟奉行的与非东盟国家的对话机制，这个次地区的亚洲协调实际上是一个更大的亚洲协调。东盟做到这一点的方法是确立、维持其中心性（ASEAN's Centrality）、东盟共同体（ASEAN Community）和东盟的内政（ASEAN's Domestic Affairs），建立了东盟与外部世界（包括中国等）的清楚边界，即东盟是中心，其他非东盟成员的都是其对外关系的对象。东盟不承认中国也是东南亚国家,即不承认中国是东南亚不可分割的一部分,中国是东盟要处理的对外关系之一。在与外部世界的关系上,东盟发挥类似欧盟那样的规范性作用(normative power)。东盟自我宣称的中心性一方面有助于这一小的亚洲协调转变为大的亚洲协调;另一方面,这种大的亚洲协调并不是真正意义上的亚洲协调。东盟通过这样的方式加强成员国之间的认同,保持与各大国之间的关系,而参加东盟发起的各种论坛的各大国,都是在利用东盟发挥地区作用。

中国到底如何对待东盟的中心性?

冷战结束后,随着中国外交政策以"和平发展"为主,以及中国与东盟国家在"和平共处"基础上重建双边关系。在外交上,中国一直支持东盟的团结,多次对东盟作出和平承诺,且充当了东盟越来越大的外部市场,通过与东盟的自贸区安排,单方面向东盟"让利"。但这种经济支持并没有换来东盟在政治和安全上对中国的让步,反而,一些东盟国家加强了与美国和印度的关系。尤其是在南海问题上,作为"安全共同体"的东盟试图以集体力量向中国施压。在中国与一些东盟国家因为南海问题而发生冲突的时候,中国争取一些东盟国家(老挝、柬埔寨等)支持或者理解中国的南海立场,又被指责为中国干涉“东盟的内政”、分化瓦解东盟的团结。①

在冷战期间最为惨烈的是美国发动的越南战争和中国的援越抗美,东盟的成立(1967 年)就是为了应对中国。东盟大多数国家在冷战后,尤其是 1997 年亚洲金融危机后走向“民主化”,即使越南等传统社会主义国家,也进行了深入的政治变革。东盟各国与中国在国内政治的差异在本质上扩大,所以,中国与东盟各国更需要“不干涉内政”的国际关系原则来维系双边关系。

东盟进一步一体化的主要外部动力源正是为了应付中国的崛起。从 1990 年中国与印度尼西亚复交、与新加坡建交以来,东盟成功地“社会化”(socialization)了中国。中国没有犹豫甚至主动地接受东盟设立的东盟+机制(ASEAN+)、互信措施(CBMs),中国作为非东盟国家第一个(2003 年)签署了

① Saifulbahri Ismail,“China's pact with Cambodia, Laos an interference in ASEAN's domestic affairs: Former Sec-Gen”, 25 April, 2016. http://www.channelnewsasia.com/news/asiapacific/china-s-pact-with/2729132.html.

《东南亚友好合作条约》(TAC)并愿意和平和谈判解决南海问题,与东盟订立有关《南海各方行为宣言》(DOC),参加了东盟国防部长会议(ADMM+),参加由英国一家全球智库(英国国际战略研究院)组织的"亚洲安全会议"(香格里拉对话)等非官方形式的各种对话,中国也同意进入关于"南海行为准则"(COC)的谈判。这种"社会化"使得中国从和平与谈判解决与东盟的分歧、差异、冲突的立场后退的代价很大。

中国尚未构成与东盟的相互"社会化",因为东盟具有远比中国强大的规范性力量(normative power),中国主要是受到东盟的规范化影响,而中国提出的有关国际规范(如"搁置争议"),因为中国事实上不占据大多数南海的岛礁而遭到东盟的漠视甚至鄙视。

菲律宾以东盟为依托诉诸"国际法"(《联合国海洋法公约》)来解决其与中国在南海的争端,这是中国与东盟关系的一个转折点。这一事件的后果是中国与东盟关系的相互"社会化"的结束,即东盟很难再进一步"社会化"中国,中国与东盟设定的各种进程将停滞不前,最好的情况可能就是如下这些进程,如维持"10+1",中国也继续参加诸如东盟国防部长会议等,但双方关系缺少实质性的进展。因为中国经济增长长期趋向放缓、东盟部分国家加入《跨太平洋伙伴关系协定》、担心中国的“一带一路”对作为“经济共同体”的东盟经济一体化产生分化作用,以及东盟与日本、印度等的经济关系扩大,中国与东盟之间的经济关系难以深入,未来的不确定性上升。

不过,东盟的未来(近期指2020年;中期指2030年)发展是不确定的。东盟的中心性如果增强,则不仅有助于东盟共同体在亚洲的作用,而且将有助于亚洲协调的进一步出现;如果东盟的中心性逐步丧失,则不利于亚洲协调的形成。目前,一些东盟成员国不是去努力推动东盟经济共同体,而是努力参加美国组织的“跨太平洋伙伴关系计划”(TPP);在地区安全上,一些东盟成员国过度促进美国、日本和印度对中国的平衡,这使得事情走到了东盟的中心性的反面:在东盟,国际关系的中心不是东盟本身,而是大国关系,东盟甚至丧失了中心性。目前,在世界范围内,地区合作遭遇了重大挑战。英国离开欧盟更凸显了作为地区一体化榜样的欧盟困境。欧盟的困境对东盟的一体化是前车之鉴。

六　中国新的国际作用:“世界海洋国家”、“21 世纪海上丝绸之路”

亚洲一直分为大陆亚洲和海洋亚洲。海洋亚洲涉及三大洋:太平洋、印度洋和北冰洋。亚洲的地区大国以及“中等大国”,不管是老牌的还是新兴的,都属于海洋亚洲。大陆和海洋的区分是亚洲地缘政治、地缘战略和地缘经济中最重要的区分之一。

近代以来,地理上属于海洋亚洲、在西太平洋拥有漫长海岸线的中国长期以来却被认为仅是一个亚洲大陆国家,而不是亚洲海洋国家。这主要是因为中国各种因素长期的发展中心不在海洋而在大陆。中国海洋力量(尤其是海洋经济和海洋军事)是薄弱的,中国甚至也没有清楚地成为世界“海洋国家”的抱负、目标和战略。

但是,中国一直试图在海洋方向变革图强。自 19 世纪末期日本崛起以来,中国首先遭到了日本作为亚洲海洋强国的巨大挑战和致命加害。20 世纪 80 年代以来,中国的对外开放实际上也主要是对世界海洋国家的开放,尤其是对美国的开放。对外开放是中国崛起的主要原因,也使中国逐步走向了世界海洋国家。

中国正式提出建设世界“海洋国家”的系统战略与政策是21世纪的事情。中共十八大报告和《中共中央关于制定国民经济和社会发展第十三个五年规划的建议》详细说明了中国走向世界海洋大国以及为此建设“21世纪海上丝绸之路”。

世界“海洋国家”是中国在世界,尤其是在亚洲的存在、地位和作用的一个重大而根本的转型。

不过,中国距离成为“海洋国家”和建成“21世纪海上丝绸之路”还有相当的距离,却触动了现存的世界海洋秩序的最为敏感的神经,带来了“四海翻腾”的“权力转移”效果,这是目前中国的东海、南海、台湾等海洋地缘政治、地缘战略问题之所以不断变得紧张的主要根源。

即使中国不断地告诉有关各方(尤其是美国和东盟),南海问题仅仅是“我们与你们关系的一部分”,不要用这一部分“定义”整体的双边关系,①不要因为南海问题影响“大局”,

---

① Chen Dingding,“The South China Sea Does Not Define the US-China Relationship,” http://thediplomat.com/2016/06/reality-check-the-south-china-sea-does-not-define-the-us-china-relationship/.

但美、日和东盟显然忽视了这样的说辞，而是坚定地认为南海问题的恶化（紧张升级，甚至要考虑战争），是中国追求世界海洋国家的外交政策目标和“一带一路”的外交政策工具与主要的世界大国和强国之间不幸互动（消极、恶性互动）的结果。

主要地区国家之间的协调，即亚洲协调是解决中国的世界海洋国家目标与战略（中国崛起的目标和指标之一就是成为海洋国家）与其他国家之间的冲突的一个方法。这是必须进行的，没有这样的地区安全治理，中国将继续遭遇老牌海洋国家（尤其是海洋霸权、强权）的遏制、抵制和冲突。

从这个角度看，亚洲协调的一个主要任务和艰巨任务，是亚洲海洋国家之间对中国海洋崛起的协调。中国需要这一协调，从而避免在海上崛起的同时与老牌海洋强国发生冲突，美国等需要这一协调避免与海洋崛起的中国在海上发生冲突。

目前的现状是：新兴海洋国家如中国和老牌海洋国家如美日之间，尚未通过协调形成新的全球海洋治理和世界海洋秩序。而中国的充分参与和作用的充分发挥将使新的全球海洋治理和世界海洋秩序更加公平、合理、有效。习近平多次呼吁:“宽广的太平洋有足够的空间容纳中美两个大国”,[①]但实际上,这一呼吁并未得到落实,美国和其他老牌海洋大国不仅尚未准备“容纳”中国在太平洋和其他世界海洋的存在,而且已经与中国开始了激烈的海洋冲突。在双边和多边上进行协调,实现在宽阔的世界海洋容纳作为世界海洋国家的中国,仍然是世界的任务。

七 “中等大国”与亚洲协调

英语语境下国际关系中“middle power”的概念在中文语境中没有得到很到位的解读。笔者一直把这个概念翻译为“中等大国”,而不是流行的“中等强国”,因为这些“中等”(the middle)在许多方面可以说是大国,而不仅是强国(在某些方面“小”的国家,如新加坡、新西兰、瑞士、瑞典和以色列,却是强国,甚至是超级强国,但不能说他们是大国,大国是比

① 习近平首次提出这一“容纳”论是 2013 年 6 月 7 日在加利福利亚州安纳伯格庄园与美国总统奥巴马举行非正式会晤时。

强国更强的国家)。

之所以翻译为“中等大国”还是因为必须有这样的理解原则:“中等大国”这个概念是一个高度矛盾的组合:中等的,但是大国;是大国,却是中等的。只有揭示了这种内在的矛盾性,才能真正理解什么是“中等大国”。

国际体系中的“中等大国”很重要。之所以“中等大国”很重要,是因为他们在国际体系中的地位的中间性(middleness)。中间性是笔者造的一个术语。中间性也是一种中心性(centrality),即“中等大国”以自己为中心,而不是以“中等大国”结盟和依靠的超级大国为中心制定和执行其外交政策。

本地区的一些国家是“中等大国”。或者进一步地说,亚洲地区的“中等大国”数量也不少。中国“周边”围绕着的不仅有世界大国,而且有“中等大国”:如韩国(甚至拥有核武器的朝鲜也算一个)、日本、印度尼西亚、澳大利亚、巴基斯坦和哈萨克斯坦等。这些国家不仅在“硬实力”,如经济、科技、军事,而且在“软实力”,如在国际规则、国际规范和国际制度中发挥着重要作用。

一些亚洲(及太平洋)的"中等大国"一度认定他们的中间性是在美中之间的桥梁或者平衡者。澳大利亚多次表示做美中之间的桥梁,而韩国在20世纪90年代末和21世纪初把自己定位为东北亚地区的平衡者。

不过,国际形势的动荡性使"中等大国"的中间性在根本上并不稳定:中等大国自身的大国抱负使其不满足于诸如桥梁或者平衡者的角色;美国会强烈防止这些中等大国与中国形成经济关系之外的安全、战略关系,即防止这些国家增强其在中美的"中间性"。如果想象中国和美国是新的全球"两极"(即使这种"两极"成立也是与美苏两极大为不同的),但亚洲的"中等大国"实际上并不在中国和美国等的"中间",其大多数,在政治和战略立场上是属于美国组织的地区同盟体系的。中国假如说要组织一个不同于美国的地区体系或者国际体系,这些中等大国的多数不会参加这样的体系,反而,它们中有的会是美国体系的一员并反对中国体系,如日本甚至比美国更反对亚投行(AIIB)和"一带一路"。

"中间"就是调和。现在,因为"中等大国"不能处在本该的"中间",这使得建立亚洲协调的难度很大。如何使"中等大国”处在“中间”,即使“中等大国”依据其中等的大国抱负制定外交政策,而不是仍然服从美国的霸权,在美国的霸权秩序中担当“盟国”的角色,这应该是中国外交的一个努力方向。

一些走向“中间”的“中等大国”将决定亚洲协调能否成功形成。其中,澳大利亚和韩国的动向值得关注。这两个国家都是美国的盟国,但中国又是它们最大的贸易伙伴。他们可能既要维持与美国的同盟关系,又要维持与中国的伙伴关系。“中等大国”的左右逢源往往得到人们的足够关注,却忽略了“中等大国”的野心与抱负。例如,“中等大国”利用与美国的同盟关系而推进其“大国”目标,解决他们的“中国挑战”。但这些“中等大国”这样做的战略代价是丧失其“中间性”或者“中央性”。

八　中国的选择

从亚太地区“中等大国”的角度看,在中国崛起的情况下,美国选择主要国家之间的协调(concert of powers)——与中国的协调——与中国“分权”,是极其重要的。[①] 从世界(全球)大国的角度看,无论是现存的霸权国家(美国)还是崛起的大国(如中国、印度等)是否选择主要国家之间的协调则同样极其重要。[②] 中国未来可选择的针对亚洲(中国的周边)的地区战略,正是亚洲协调。遗憾的是,这一选择在国内仍然缺少基本的研究。

下文将讨论中国选择亚洲协调的一些重要理由。一旦选择亚洲协调,中国就要发挥亚洲协调组织者的作用,与参与亚洲协调的各国共同努力。

---

① 持这一观点的主要代表性人物之一是曾担任过澳大利亚国防部高官的国际关系学者休·怀特,见 Hugh White, *The China Choice: Why America Should Share Power*, Black In., 2012。这是一本影响力很大的小册子。澳大利亚著名国际关系专家科拉尔·贝尔(Coral Bell)去世前指出,世界走向六大强权(美国、中国、欧盟、印度、俄罗斯和日本)的多极局面,为了防止大国冲突,大国协调几乎是唯一有效的现实主义的安排。参见 Coral Bell, The end of the Vasco da Gama era: The next landscape of world politics, Lowy Institute for International Policy, 2007。怀特继承和发扬了贝尔的这一战略思想。

② Pang Zhongying, "China's Choice: Contributing to the Emergence of a Concert of Powers in the Asia-Pacific," in Andreas Herberg-Rothe, ed., *Implications of World War I for the Current Conflicts in Asia*, Fulda, Germany, 2014. https://www2005.hs-fulda.de/fileadmin/Fachbereich_SK/Professoren/Herberg-Rothe/Implications_of_World_War_I_for_the_Current_Conflicts_in_Asia__überarb._.pdf.

(一)在主要国家之间进行协调

中国尚未清楚、肯定地把自己定位为在全球和地区事务中的协调者。这个角色一旦充当,就不是一个短期角色,而是一个长期角色。中国不能退出已经参加的世界秩序,否则的话,对中国而言代价太大而无法承受;中国也不具有创建新的世界秩序的能力;即使具有创建新的世界秩序的能力,带头构筑一个适应21世纪的世界秩序,绝非一日之功;中国也未必能够可持续地主导这样的新秩序,况且有多少国家加入和支持这样的新秩序也是未知数,而且一旦决定创建一种新秩序,将注定引起与美国及其盟国的新"冷战"。

在这种情况下,在地区安全秩序上,中国需要继续探索与美国主导的泛太平洋安全秩序之间的积极关系。即使不能正式加入这一秩序,也至少要与该秩序进行良性互动并开展安全合作。目前的中美战略关系的紧张和竞争甚至对抗态势,不利于继续建立这一关系。协调者的角色,从根本上是为了协调出来一个包括中国在内的统一的、包容的亚洲(包括太平洋)地区秩序,包括其中的安全机制。

(二)推动"权力转移"的和平完成

权力转移的过程不导致冲突甚至战争,就要建立管理权力转移的主要国家之间协调。根据欧洲和西方的历史经验,主要国家之间的协调一般建立在"权力转移"论述基础上。

当然,"权力转移"是一个曲折的过程。"中国崛起"这一论述或者话语已经在国际和国内流行了二十多年。但是,在如下情况下,"权力转移"只是一种前景(情景),并非现实。"许多中国人沉迷在'崛起'幻觉"中。① 这一情况是:截至目前,中国的经济力量尚未转化为政治实力,中国的硬实力尚未转化为软实力。没有经济实力转化为政治实力,没有硬实力转化为软实力,权力转移是不可能的。但是,恰恰这种转化是最为困难的,因为这是结构性的,涉及国内变革。

关于软实力和中国的软实力,在过去十多年,全球范围内(包括中国在内),已经有各种讨论,但是,这些讨论大多数是没有离开美国原初的、本位的软实力含义(软实力是一种美

① 程亚文:《许多中国人沉迷于"崛起"幻觉》,载程亚文:《大国战略力:帝国盛衰的六种力量》,文汇出版社2016年版。

国概念和理论)。如果进行软实力比较研究的话,很快就会发现,即使在美国,也有人不愿意使用软实力的概念,而是使用与软实力概念对等的、差不多的概念,例如规范性权力、观念性权力和道义性权力,后三个概念不仅比软实力更容易理解和把握,而且从不同角度对软实力进行了定义。约瑟夫·奈(Joseph Nye)的贡献是提出了软实力的概念,但他的软实力定义只能是一种关于软实力的定义,而不是垄断了软实力的概念。那些主张规范性权力、观念性权力和道义性权力的学者,为了与约瑟夫·奈有所区别,而不用软实力概念。本文主张使用软实力,但却用规范性、观念性和道义性力量来定义软实力。

在"软实力"基础上塑造中国的国际领导地位和国际领导能力。如果在21世纪中后期,"权力转移"大体完成了,即中国在综合国力上取代美国成为世界最强,同时因为存在逐步完善的有效的亚洲及其太平洋协调,这一"权力转移"将是历史上最为顺利的,即成功克服了"修昔底德陷阱"。

(三)重启亚洲地区主义

在亚洲,最近几年,地区主义随着美国"转向亚洲"政策而销声匿迹了。[①] 这是遗憾的消极发展。如果选择亚洲协调,地区主义则是题中应有之义。[②] 在欧洲,地区主义并非仅限于经济上的自由贸易区,而是关于和平、治理、秩序、繁荣的“政治工程”,所以,是毫不动摇的、别无选择的。大国(如法德)领导欧洲地区主义,但欧洲地区主义的包容性已经使得“欧盟”几乎等同于“欧洲”。

中国应该尽快重启新的亚洲地区主义。这是因为亚洲协调成立的观念基础是亚洲地区主义。地区主义将驱动亚洲协调。不参加或者远离亚洲协调,就等于“脱亚”,有关国家将不得不思考其“脱亚”的巨大代价。朝核六方会谈《九一九声明》(2005)的一大贡献是中、美、俄、日、韩与朝“共同致力于东北亚地区持久和平与稳定”、“直接有关方将另行谈判建立朝鲜半岛永久和平机制”、“探讨加强东北亚安全合作的途径”。朝核六方会谈可以看作是一种特定的以地区主义为原则的东北亚主要国家之间的协调。美国最近提出的“有原则

① 庞中英:《地区主义浪潮陷入低谷》,《人民论坛》2012 年第 4 期。

② He Baogang, “Symposium: Power Shift: A Concert of Powers and Hybrid Regionalism in Asia,” *Australian Journal of Political Science*, Vol.47, No.4 (December 2012), pp.677-690.

的亚太安全网络”(Principled Security Network in the Asia-Pacific)等,①尽管仍然以美国霸权为前提或者条件,但地区安全网络本身也是亚太协调。亚太经济合作组织(APEC)提出的亚太自由贸易区(FTAAP)是基于世界贸易组织(WTO)多边贸易制度对已经出现的各种地区贸易安排,尤其是缺少透明度的《跨太平洋伙伴关系协定》(TPP)等的协调。不过,亚太自由贸易区若要具有协调能力,则要借鉴TPP,提出足够具有普遍吸引力的地区贸易治理的规则和规范(最佳实践)。2014年APEC北京峰会通过的FTAAP路线图,是中国协调的结果。② 不管是美国主导的TPP还是中国寻求的区域全面经济伙伴关系(RCEP)以及中国单边的“一带一路”,都应该只是走向开放和包容的地区经济治理和全球经济治理的工具和途径。上海合作组织已经是亚洲协调的基础,要汲取欧盟

① “Remarks on ‘Asia-Pacific’s Principled Security Network’ at 2016 IISS Shangri-La Dialogue,” *by the US Secretary of Defense Ash Carter*, Singapore, June 04, 2016. http://www. defense. gov/News/Speeches/Speech-View/Article/791213/remarks-on-asia-pacifics-principled-security-network-at-2016-iiss-shangri-la-di.

② 该声明原件见亚太经合组织官方网站:http://www.apec.org/Meeting-Papers/Leaders-Declarations/2014/2014_aelm/2014_aelm_annexa.aspx。

的经验教训,在扩大的同时得到巩固。同时,亚信等可以成为亚洲安全与和平理事会。

(四)以中美协调为关键

"新型大国关系"到底"新"在何处?笔者认为,其"新"在中美协调和把中美协调放到亚洲协调中,并通过亚洲协调解决中美冲突。中国提出"新型大国关系"是为了应对美国的"转向亚洲"或者"再平衡"。在两届为期八年的奥巴马政府即将卸任之际(2017 年 1 月),美国并没有完全接受"新型大国关系"。如果把"新型大国关系"的"新"理解为中美协调,那么今后中国则要继续推进这一进程。中美能否做到下述的相互承认和相互不接受?中国继续承认美国在亚洲的存在,尤其是美国对亚洲地区秩序在内的世界秩序的重大贡献,但肯定不接受美国在亚洲的霸权,而美国也承认、接受中国在亚洲地区繁荣和安全中的不可或缺的作用,但肯定不会接受中国在亚洲的主导权。本文认为这是可能的且是必要的。这才是亚洲协调的关键。事实上,尽管美国一直自认是亚洲的霸权,但实际上,由于中国的存在及中国对待美国在亚洲存在的态度,在东亚地区,并不存在真正意义上的美国霸权。根据牛军的研究,从1949年中华人民共和国成立以来,中美逐渐达成一个不是共识的共识:中美“都不在这个地区谋求霸权,也反对任何国家或国家集团谋求霸权”。[①] 所以,中美一直在进行着主要国家之间的协调,其结果就是:一方面,因为中国,美国实际上在东亚并未拥有大多数人所理解的无所不包的霸权地位(hegemony);另一方面,因为美国,就是真的有意,中国在东亚也不可能重新建立地区霸权。现在的危险发展是:“中美战略互疑可能带来的长远后果就是互相误读对方的意图,使原有的基础共识消失了。”[②]目前,美国似乎正在调整其“转向亚洲”的对华政策,上述美国在“有原则的亚太安全网络”下邀请中国海军参加环太2016年军演(RIMPAC)。[③]

---

① 牛军:《中美为什么达成在亚太地区反对霸权的共识?》,共识网,2016,http://www.21ccom.net/html/2016/zlwj_0531/4633_all.html。

② 牛军:《中美为什么达成在亚太地区反对霸权的共识?》,共识网,2016,http://www.21ccom.net/html/2016/zlwj_0531/4633_all.html。

③ “Olive Branch:Washington Not Excluding China From US-led World Order”(评美国国防部长在新美国安全研究中心2016年年会上的讲话),见http://sputniknews.com/politics/20160623/1041833422/us-china-carter-world-order.html。

其实,中国可以推动上海合作组织借鉴“东盟方式”,搞一个“上海+”以包括美国。

(五)不可或缺全球协调

亚洲协调是全球协调的一部分,向全球其他重要行为体开放。亚洲协调为21世纪的全球协调提供基础与范例,导向全球安全治理。国际组织和地区组织(包括联合国、欧洲联盟和非洲联盟等)都可以参加亚洲协调。

九 结 论

目前的亚洲和太平洋地区国际关系形成了深层的重大的紧张与冲突。亚洲协调是解决紧张与冲突的根本方法之一。

1990年以来,亚洲和太平洋地区的一些发展,已经为亚洲协调奠定了一定的基础。也即,本地区的一个趋势是走向亚洲协调。但是,这些发展并不是主动设计的亚洲协调。亚洲也即太平洋地区需要一个符合本地区现状和趋势的地区协调。

亚洲协调是主要国家之间的各种协调中的最主要协调，是高于目前存在的各种双边安排（从美国组织的同盟体系到中俄的战略协作关系）和各种“次区域”安排（从上海合作组织到东盟），对事关和平（战争）、安全（战略）、秩序等重大问题进行的地区治理。

如果没有亚洲协调，在对抗和冲突加剧的情况下，目前亚洲和太平洋地区的各种分裂趋势将加剧。

历史上的欧洲协调并不等于当时的欧洲的大国协调。英文的 Concert of powers 不幸被误解为中文的大国协调，这是对欧洲历史的曲解。19 世纪的欧洲协调固然是当时的大国主导，但并不是说当时的欧洲中小国家就在其中完全被动或者根本不在其中。与欧洲协调的经验不同，甚至与目前存在的一些真正意义上的大国协调（如二十国集团在金融和财政上的大国之间的宏观经济政策协调）不同，亚洲协调不是几个大国（如中、美、俄、日、印度等）之间的协调，而是一个包容性的（包括绝大多数本地区国家和有关的全球国家的）协调。亚洲协调不仅包括大国协调，也包括亚洲地区（含太平洋）其他重要国家，例如巴基斯坦、韩国、印度尼西亚、新加坡、泰国、越南、澳大利亚、新西兰、加拿大以及作为一个地区安全共同体的东盟,还包括愿意参加进来的其他重要国家和国际行为体,如欧盟。

在可以预见的未来,美国不可能接受亚洲协调,更不可能推动亚洲协调,而是继续依靠加强其在亚洲的同盟来“管理”中国,但是,美国也许最终意识到,老的办法并不能解决新的问题,只有亚洲协调才是保持、维持和增进美国在亚洲存在的几乎最有效方法。亚洲是21世纪的世界中心(经济和安全),日本在21世纪如果“脱亚”则是远离世界中心。而日本借助美国来对抗中国,甚至联合韩国、澳大利亚、印度和东盟等对抗中国,并不能重新达到日本至少在经济上主导亚洲的目标,因为这些国家与日本在其“中国问题”上的立场和利益存在很大差异。一些东盟国家选择与中国对抗并加强与美国的关系,其代价是削弱东盟的中心性甚至使东盟共同体名不副实,而不能进一步一体化的东盟,其地区的地缘战略价值就下降了。

对中国来说,历史的机会是主动提出和设计亚洲协调,将其作为中国长期的(对)亚洲战略与(对)亚洲政策。中国奉行“和平发展”，大为修正了源于欧洲等地区的“贸易和平”，实现了亚洲的“发展和平”。如果中国和本地区其他大国或者强国选择亚洲协调，则亚洲的“贸易和平”或者“发展和平”将主导21世纪，加上1979—1980年开始到今天的40年和平，到2079—2080年，亚洲的百年和平是完全可能的。

（本文原载《国际安全研究》2016年第5期）

中国经济的未来与世界秩序的未来

中国不是现在才面对世界秩序问题的。中国从来都面对着世界秩序问题。在中国不同的历史阶段,中国与世界秩序之间的关系在方式、内容上有所不同。

中国和世界秩序之间的关系是过去 20 多年的一个国际性的焦点话题。

但是,把中国经济与世界秩序两个问题,尤其是把中国经济的增长(发展)及其前景(未来)与世界秩序两个问题如此紧密地、直接地联系起来,在理论上和实践上还是最近的事情。

不得不承认,主要研究这一问题的首先是经济学。经济学家就此作出了独特贡献。尽管世界秩序一直是国际关系面对的主要问题(方向)。不过,专业研究世界秩序的国际关系学对于经济(国家经济和世界经济)与世界秩序之间的关系有很多研究。但是,对中国经济增长的前景和世界秩序之间的关系的研究还不是不多,甚至很少。

到底如何看待、分析中国经济与世界秩序之间的关系?

这是一个很大的问题。本文从五个方面具体讨论这一问题:

一

在理论上如何看待中国经济和世界秩序之间的关系?

先看经济学是怎么看待秩序及其重要性的。根据钱颖一对已故的诺贝尔经济学奖获得者诺斯(Douglas North)等的思想遗产的研究,人类社会历史的三种状态——原始的无秩序状态、有限准入秩序的自然国家状态、开放准入秩序的现代社会状态中,“自然国家状态比无秩序状态更有利于经济发展”,而现代社会的“开放准入秩序”则更使“经济得以快速增长”。在每一种状态中,政治制度和经济制度是相互决定并互为增强的。因为“在现代社会中,经济的开放准入与政治的开放准入并存,经济上的竞争与政治上的竞争也一同出现。在人类历史上,从自然国家到现代社会的转型是一个非常偶然的事件,它首先发生在欧洲,并逐渐传播到全球”①。

世界经济的形成、增长和持续的过程也是世界秩序的形成、增长和持续的过程,即世界经济本身产生着世界秩序。一些国际关系理论也支持这样的看法,例如著名的“贸易(广义)带来和平”(贸易和平论)。但世界秩序的供给也是国家和国家组成的体系(国际体系)提供的公共产品,这一公共产品支持了世界经济。在过去30多年,世界经济发生的主要变化是全球化,全球化产生着新的世界秩序。正是因为全球化,柏林墙倒塌德国统一、欧洲共同体变成欧盟,不过在欧盟诞生的同时苏联解体、世界贸易组织诞生、中国崛起、中美关系“进入相互依存时代”②。同时,全球化也使得已有的代表现

① 钱颖一:《诺斯的遗产》,《财新周刊》2016年1月21日。

② 王毅:《发展中的中国和中国外交——在美国战略与国际问题研究中心的演讲》,2016年2月26日,华盛顿,见http://www.fmprc.gov.cn/web/wjbzhd/t1343410.shtml。

存世界秩序的国际机构的问题更加暴露,甚至全球化摧毁了旧秩序却没有形成新秩序,全球治理的需求增加但供给不足,国家和国际体系提供世界秩序的意愿和能力不够。

对于中国经济来说,为什么在过去30多年出现了高速增长?世界秩序提供了解释中国经济高速增长的一个理论。中国只要加入世界秩序(以现有国际机构为代表)就大体解决了中国需要的世界秩序问题。未来的中国经济要想继续增长,即使是相对低速的增长("新常态"),更加需要世界秩序的支持和保障。但是,现有的世界秩序可能不足以保证中国经济的未来增长。甚至,没有改革的现有世界秩序可能成为中国未来增长的障碍。中国能否争取一个更符合自身经济增长需要的新的世界秩序?

需要评估过去30多年(20世纪70年代末以来)中国经济高速增长的"外部环境"或者"国际环境"。对这一历史经验的研究可以得出这一时期中国经济与世界秩序之间关系的一个基本结论:中国经济的成功发展得益于这一时期存在的世界秩序。

"国际环境"早就被提出。如同任何国际体系中的成员，中国一直看重国际环境。在《邓小平文选》中就有很多关于中国“改革开放”的“国际环境”的论述。“国际环境”是包括世界秩序在内的；或者说，“国际环境”等于世界秩序。任何经济增长都不可能脱离国际环境或者世界秩序。中国经济从 1979 年就开始逐步地“对外开放”，而开放经济更加依赖于世界秩序（如果是世界无序，根本不存在开放的必要与可能）。

在这一相对长时期的前期，中国于 20 世纪 70 年代初逐渐改善了与世界的关系。中美关系也获得一定的战略突破。1971 年恢复在联合国的合法席位。这一时期，中国与世界的关系发生了翻天覆地的变化，在形式（国际组织）上和内容（国际规则、规范）上融入现有世界秩序，即变成现有秩序的一部分。当然，这一融入直到现在仍然在进行。一是因为世界秩序是常新的，任何国家——中国也一样——与世界秩序的关系都是常新的，必须在世界秩序中存在、行动（包括发挥各种作用），才能维持与世界秩序的关系。

中国与未来的世界秩序之间的关系的基础和出发点是过去 30 多年形成的中国与世界秩序之间的关系。

二

目前中国经济与世界秩序之间的关系是否处在一个历史的转折点上?

在改革开放以前,在现有国际秩序之外的中国是现有国际秩序的一个批评者和反对者。在改革开放后,加入(融入)现有国际秩序并从中受益的中国却日益感到这一秩序存在的问题。尤其是,这一秩序尚未做好必要的改革以便容纳诸如中国等巨型的"新兴经济体"。按照汇率计算,就国家经济而言,中国在2010年取代日本成为全球第二大经济体,但国际金融机构中中国拥有的投票权(决策权)却排在日本之后,即日本在现有全球经济治理中的地位仍然高于中国。如果再考虑到欧洲的话,中国在现有国际金融机构中的决策权更是有限。美欧一直主导现有国际金融秩序。于是,中国在2009年以后表达了空前强烈的改革现有国际机构的要求。

中国不仅要求改革旧秩序,而且主动地推出了在全球化低潮时期将成为全球化主要驱动力的“一带一路”和与其配套的新的国际机构，如金砖合作机制下的新发展银行、亚投行等。“一带一路”是新的国际贸易（尤其是其中的国际投资），将带来新的世界和平和世界秩序。新开发银行和亚投行等几乎意味着不同于目前的布雷顿森林体系（国际金融机构）的新的世界经济秩序的雏形。这一小型世界经济秩序的规则和规范有一定的创新，即并没有复制现有国际金融机构（IMF 和 WB）的制度与（内部）治理，没有按照成员国构成国际权力等级结构而形成新的国际秩序，而是一种新型的国际秩序。中国并没有如美国那样在金砖合作或者亚投行中占据霸权，但发挥了中国的规范性权力（normative power），让这些新的国际组织成为非霸权性质的新型国际合作。

艾肯百里（John Ikenberry）与许多西方学者一样认为目前的世界秩序正在进入“后美国的”、“后大西洋（主导）的”时代，但不认为这是现有秩序的“危机”，而是现有秩序的“成功”，因为中国等全面加入现有国际机构，现有国际机构尽管由此多元化了，但是更具有全球性了。他认为美国要与中国合作共同打造21世纪的世界秩序。①

“一带一路”和金砖合作等不包括美日,但并不反对美国主导的现有世界秩序,反而在寻求加强开放的世界秩序。

三

对“国际秩序之争”可以广义地理解。这里的“争”包括争夺(struggle or disputes)和争论(debate)。争夺意味着目前至少有两种甚至两种以上的世界秩序在发生冲突。有美国人认为中国目前说的和做的代表着一种不同于美国的世界秩序。中美之争是两种世界秩序的冲突。这一判断可能有所夸大并是错误的,因为事实上中国并没有代表着一种新的世界秩序,也没有离开现有秩序去探索一种全新的世界秩序。这一误判如果不能得到纠正,则可能加剧中美冲突达到历史上的美苏冷战的情况。美苏冷战的核心正是世界秩序。当时,

① 艾肯百里在英国皇家国际问题研究院的讲座《中国崛起与自由世界秩序的未来》,2014年5月7日。见 https://www.chathamhouse.org/sites/files/chathamhouse/field/field_document/20140507RiseofChina.pdf。

苏联代表了与美国截然不同、泾渭分明的世界秩序。中国在20世纪50年代“一边倒”加入苏联主导的世界秩序，“另起炉灶”成为中国外交政策。1949年的“另起炉灶”就是对中国外交政策的原则和实践的革命。而争论如果是明辨，则最终会有助于中国与世界秩序之间关系的更新与换代。

根据中国与美国建设“新型大国关系”的外交政策，中国与美国要妥善管理关于国际秩序的争夺，以免不幸演变为关于针锋相对的国际秩序之间的冲突。这种冲突的后果是可怕的，即重创世界秩序。而无论中美，尤其是两国经济，都需要世界秩序，而不是世界无序。

关于争论，中美之间则应该继续辩论下去。这种争论有助于目前的国际机构的革新、重建和新生，也有助于提供21世纪的属于中美共同的新的世界秩序。未来的美国经济能在目前的世界秩序下持续吗？未来的中国经济到底需要一种什么样的世界秩序？中美能否合作共建、共同塑造一种前所未有的世界秩序？遗憾的是，在“国际秩序之争”中，诸如此类真正的问题在中美之间当前的争论中没有体现。

不要简单地说“不是另起炉灶”。“另起炉灶”未必不好，关键要看是什么“另起炉灶”，以及如何“另起炉灶”。“另起炉灶”的路径（方法）很重要，事关成败。中国需要总结一些国家在世界（国际）秩序中“另起炉灶”的历史教训。这一教训包括上面提到的20世纪50年代中国的“另起炉灶”。苏联本身就是世界秩序“另起炉灶”的经验（案例）。在给定的或者既定的世界秩序下的“另起炉灶”的经验也要充分研究。1997年“亚洲金融危机”后，日本提议的组建亚洲货币基金组织（AMF）因为美国的反对而胎死腹中。不过，日本后来联合中国、韩国、东盟等搞了“清迈协定”，东亚地区的货币合作取得了进展。欧盟是“另起炉灶”的经验。这是在第二次世界大战后，在美苏冷战结构下内生的“另起炉灶”，是今日以规则为基础的世界秩序的主要支柱。

美国本身就是在不断地“另起炉灶”。TPP就是“另起炉灶”。但是，对待别国的“另起炉灶”，美国的反应是不同的。美国反对亚洲货币基金组织，但是，不反对“清迈协定”。欧盟的成立得到美国的支持，因为美国需要与西欧一起塑造第二次世界大战后的世界秩序。欧盟推动的规则为基础的世界秩序与美国存在一致的方面，但也存在差异。欧盟鼓励美国不要工具性地对待多边主义，而是要维持一个多边主义的世界秩序，美国关心的是什么规则和谁制定的规则，但美国对约束美国的多边安排有的参加有的保留，甚至反对。

有的“另起炉灶”会引起霸权国家的反对，有的则未必。

四

关于中国与世界秩序的生产与再生产。

在国际上，中国则试图提供全球问题的解决方案（中国方案），这可以叫作中国在国际上的“秩序供给”，即中国是世界秩序的生产者。世界秩序不是一次性生产，而是如同马克思在《资本论》中揭示的生产的一般规律，仅有生产是不够的，再生产才是根本。如果一种国际制度、国际规范和国际规则不能源源不断地再生产出来，则这种国际制度、国际规范和国际规则就不存在可持续性。

从 20 世纪 80 年代起，中国在不断地加入现有的国际秩序。一旦中国加入，有关的多边机构、多边论坛就有了中国的作用，尽管中国的作用是有限的，而非主导的、领导的或者决定性的。随着中国在这些多边进程和安排中的地位提高,中国的规则制定者的作用可能将继续增大。但是,中国面对一些实质性的挑战:

第一,那些中国没有参加的但是对国际规则的形成具有重大影响的多边进程和安排。这就使中国被排除出了未来的国际制度、国际规范和国际规则的生产和再生产。

第二,利用中国加入的国际制度、国际规范和国际规则来治理中国,甚至侵害中国的正当利益。目前菲律宾在美国和日本的直接支持下,利用中国参加的《联合国海洋法公约》(UNCLOS)来侵犯中国在南海的主权和权益就是一例。更大的,从20世纪80年代以来,西方之所以热衷于把中国“纳入”(integrate)现有国际秩序,其中的动机之一就是为了治理他们面对的“中国问题”或者“中国挑战”。中国尽管拥有漫长的海岸线,历史上也曾经是一个海洋民族,但是,在20世纪,由于各种原因,中国对海洋重视不够。正是在中国最为封闭的20世纪70年代,包括东南亚国家在内的“第三世界”国家“争取建立国际经济新秩序”。而建立“国际经济新秩序”的一个重要内容是建立国际海洋新秩序。《联合国海洋法公约》正是这些在海洋问题上拥有战略、重大利益的发展中国家驱动下生产出来的世界秩序。支持发展中国家的原则、立场和利益是20世纪70年代中国外交的“政治正确”，也符合中国的根本利益。但是，由于当时中国对海洋问题和海洋秩序的认识不足，加上当时的中国经济对世界海洋的依赖不深入，没有充分估计到《联合国海洋法公约》今天成了菲律宾等反击中国的工具。今天，中国已经被诸如《联合国海洋法公约》“社会化”，即中国在遵守《联合国海洋法公约》，享受该公约带来的世界秩序之利，但同时中国如何避免《联合国海洋法公约》的“双刃剑”之负效应，难道中国因此退出《联合国海洋法公约》？

五

为了塑造适合中国经济未来发展的世界秩序，中国外交政策（广义的）如何改革或者转型？

目前国际关系学术界讨论的一个焦点问题是中国外交转型的必要性和如何转型。

每当中国外交面对世界秩序问题，中国外交政策就面临转型。1949 年，中国外交政策的世界秩序问题就是不加入美国“阵营”，而是“一边倒”进入苏联“阵营”，并“另起炉灶”建立中国外交的原则和制度。20 世纪 70 年代初，在冷战中封闭和孤立的中国，定位自己为“第三世界”的一部分，随后为了抵抗苏联的战略压力而与美国事实上战略和解与合作。从 20 世纪 80 年代到 21 世纪初，中国外交政策就是加入一个规则为基础的世界秩序，通过这一加入保证中国经济长期增长的“良好国际和平环境”。

如今，中国外交转型的最根本目的应该是为了中国经济的转型。中国“十三五”规划已经确定了中国经济的结构性转型，而中国经济的结构性转型势必需要一个新的世界秩序，即全球的结构性转型及各国之间结构性转型方面的合作。

从这个角度，本文认为中国外交政策的转型任务如下：

第一，定位中国为现有世界秩序的改革者，以改革者确立中国的全球规范者（normative power）的地位，要求现有国际机构改革并改革到位，以使中国等“新兴国家”在现有世界秩序中充分发挥作用。世界秩序的改革不仅是中国的国际地位,而且是中国的国际高地。欧盟和其成员国一直以国际规范者自居,即占据世界秩序高地。中国也要进一步完善和发展自身为全球规范者。

第二,把包容性的多边主义作为目的,而不仅是工具。但目前包容性的多边主义尚未有效。在实践上,如同其他大国,要重视"小边主义"(mini-lateralism)。七国集团和金砖合作都是小边主义的例子。需要注意的是,小边主义不应是目的,而只能是使其达到包容性多边主义的工具,否则要伤害中国的国际规范力量。

第三,与美国和欧洲等展开关于世界秩序的外交(对话与协调),最低外交目标是避免在世界秩序问题上爆发更加严重的中美冲突,最高外交目标是实现中美在生产和再生产世界秩序上的长期合作。

结论:关于中国经济与世界秩序之间关系的研究任务

中国下一步的经济增长,在国际上需要有相应的、足够的、持续的、稳定的秩序配合。中国可以主动地塑造这样一种世界秩序。这不仅是为了中国经济,而且是为下一步全球经济的增长作出贡献。张军可能是第一个提出如下简单但困难的问题的经济学家:“在现有贸易规则等国际秩序框架内,中国能不能保持 GDP 快速增长,抑或美国主导的秩序能不能适应中国经济的继续崛起?”他认为,“真正决定中国经济前景的根本性因素是世界秩序”。“中国要在现有全球体系下争取与自身经济实力相匹配的地位,挑战巨大、困难重重”。“中国政府正尝试按照自己的规则重塑世界秩序,特别是建立新的货币与贸易体系。”因为,“站在中国的视角来看,现有全球体系很难保证中国国内经济取得持续增长——这样的挑战是日本和其他东亚经济体崛起时都未曾遭遇的。在历史上,唯一面临过并平稳解决这个问题的国家是美国。二战之前,英国主导的世界秩序接纳适应了美国的崛起,后者以和平过渡的方式取代英国成为了世界经济和金融头号强国。”①

从经济学的角度,人们有必要研究新的世界秩序带给全

① 张军:《谁限制了中国经济? 世界秩序》,中译文见 http://www.guancha.cn/ZhangJun/2015_06_05_322193.shtml。

球经济的收益。世界秩序是各国妥协、协调、平衡的场所，是集体（一致）行动，是公共产品。

中国是否有意愿、战略、能力提出能得到大多数国家赞同的对现有世界秩序的改造方案？

中国是否有意愿、战略和能力建设不同于现有的但又与现有的不冲突的世界秩序？

塑造一种新的世界秩序并不意味着要与美国展开不断升级的“国际秩序之争”，甚至爆发中美关于国际秩序的冲突。因为冲突一旦爆发，只能使中国经济目前运行的世界秩序环境恶化，甚至是逆转性的、颠覆性的恶化。任何大的中美冲突都将导致中国经济增长的不可持续性，甚至中断，且导致全球经济因为缺少秩序而发生断裂和倒退。

中国外交在过去近 40 年的中心任务不是为了避免战争，而是为国内的改革与发展创造一个良好的国际环境。从世界秩序的角度考虑，未来几年，尤其是“十三五”时期，这一任务仍然没有变，即中国外交要从塑造世界秩序的角度转变甚至使自身发生转型。这是一个相当的高度，具有相当的难度。

自从 2009 年，尤其是 2013 年以来，在国际上，中国更加全面参与现有全球治理，研究全球治理的理论与实践，甚至提出了构建、推进“人类命运共同体”的使命和任务。全球治理是为了开放的包容的可持续的可准入的世界秩序，没有这样的世界秩序，世界代代追求的人类命运共同体，包括休戚与共、互联互通的世界经济就会因为缺少世界秩序的保障而难以增长，甚至衰退。

（本文原载《光明日报》2016年5月26日第11版）

附录一　读懂了基辛格未必就读懂了世界[①]

基辛格的《世界秩序》果然是畅销书，在中国赢得了很多读者。尤其是，该书的中文版大大增加了基辛格在中国的读者数量。这从一个侧面折射了美国的世界秩序思想在中国的影响巨大。所以，有人甚至断言："读懂了基辛格就读懂了世界"。果真如此？

《环球时报》编辑邀请我评论的不是基辛格《世界秩序》一书，因为关于基辛格《世界秩序》已经有了太多的评论，在一篇报纸评论中评论该书是不合适的和不可能的。他们问我

① 原载《环球时报》2015 年 8 月 17 日。

的是，您同意“读懂基辛格就读懂了世界”这一看法吗？

这是一个好问题，比贸然结论的“读懂了基辛格就读懂了世界”要好。

要回答这一问题并不容易。但我们不妨借助基辛格《世界秩序》的一点内容来回答。

在学术上，基辛格《世界秩序》这本书的核心贡献不是别的，而是他指出了“世界秩序”存在“多个种类”，即世界上不只有一种世界秩序，而是有着多种世界秩序并存和同时存在，“世界秩序”不是单数而是复数：“有着差异的文化历史、对世界秩序有着不同的看法的世界各个地区”其实并没有形成过一个真正的“全球性的”、“共同的”世界秩序。不过，他在《世界秩序》中的希望不是别的，而是有如此不同的历史经验和价值的各国人民如何能够塑造一个全球统一的或者共同的世界秩序。

在《世界秩序》的结论部分，基辛格的问题是：美国是否有可能把如此多样的世界各个地区、社会、文化转化为一个共同的体系，即共同的世界秩序？与基辛格以前的著作一样，关于美国的内容占据了主要篇幅。他没有论述多少未来的“共同的"世界秩序是否由美国主导，但是，他清楚地指出：在这样一个多元、多样的世界，美国应该防止一些对美国不利的世界局面出现，同时，美国要竭力推动出现美国希望达到的世界局面。

基辛格《世界秩序》一书的最大意义不是给缺少思考的人们提供了现成的世界观，而恰恰是承认了世界秩序的多样性。这等于告诉人们，"即使读懂了基辛格，也不一定读懂了这个世界"。这让那些以为基辛格要提供关于世界秩序的标准答案的人们大失所望。他在该书中描写的关于世界秩序多样性并存（不管是否和平并存）以及美国与世界秩序之间的关系颠覆了他自己以及美国主流的世界秩序观。

基辛格在该书中另一个最大贡献不是别的，而是论述了上述各种各样的世界秩序之间的关系。他在该书第四章中论述了美国和伊朗之间的关系。他认为，美伊关系意味着世界秩序的形成过程。这一点其实用到美国与其他国家和国家集团（如欧盟）的关系都一样。基辛格出版《世界秩序》时，联合国"五常"加德国尚未与伊朗就其核武计划达成协议。但基辛格实际上已经预料到关于这一协议意味着某种真正的世界秩序。这与一些美国人想的美国主导的世界秩序并不一致。

基辛格对世界的看法确实超级权威,但也有其局限性。《世界秩序》以研究世界秩序内在的复杂性和各种不同世界秩序,尤其是美国与各种世界秩序之间的关系为对象,本身就是基辛格的自我注脚:他想告诉读者的是,他也越来越看不懂这个世界了。

读懂了某人的思想只是读懂了某人的世界。读懂了《世界秩序》,我们顶多知道基辛格的困惑或者基辛格贡献给这个世界的问题。我姑且称其为“基辛格难题”。

附录二　写于“软实力”概念提出25周年之际[①]

1990年，美国哈佛大学政治学学者约瑟夫·奈（Joseph Nye）出版了今天被视为经典的《美国注定领导世界？——美国权力性质的变迁》（*Bound to Lead: The Changing Nature of American Power*）一书。在书中，他首次提出了“软实力”的概念。后来，奈在当年的《外交政策》杂志上发表了《软实力》（*Soft Power*）一文，清晰地论述了这一词的基本内涵。从此，“软实力”一词不胫而走，在美国和全球超级流行，势头直到今天也不止。奈也被尊称为“软实力之父”。

① 原载《中国社会科学报》2010年6月10日。

“软实力”概念诞生 25 周年后，对这一概念在全球流行的历史与现状进行回顾、评估、反思，无疑具有重要的学术意义。

奈提出“软实力”理论时，冷战尚未结束，但已经处在“冷战”结束（1991—1992）的前夜。他当时为什么写这本书？需要很好地研究该书的“上下文”。根据《注定领导》一书等，他旨在回应 20 世纪 80 年代美、英等欧洲国家学术圈和舆论界中出现的“美国衰落”论。

1984 年，奈的重要研究合作伙伴、后来成为“自由制度主义”理论代表人物之一的基欧汉（Robert Owen Keohane）独立发表了《霸权之后：世界政治经济中的合作与纷争》一书（*After Hegemony*：*Cooperation and Discord in the World Political Economy*）。该书是最早、最系统的“美国衰落”论著作之一。而英国出生的耶鲁大学历史学家肯尼迪（Paul Michael Kennedy）则在 1987 年推出巨著《大国的兴衰》（*The Rise and Fall of the Great Powers*），把有关“美国衰落”的争论推到一个高峰。

然而，奈提出的“软实力”理论否定了“美国衰落”论。他坚持认为，即使美国在“硬实力”方面，包括经济和军事领域衰落，但在“软实力”上，不存在“美国衰落”。

奈发表其“软实力”理论不久，苏联成为历史，美国旋即以冷战的胜利者自居。时任美国国务卿贝克（James Baker）和美国总统老布什（George H. W. Bush），不失时机地设计和推出“新的世界秩序”方案。这一发展，似乎证实了“美国衰落”论的大错特错和奈“软实力”理论的无比正确。于是，奈一下子在美国和欧洲“火”了。尽管如此，（老）布什还是被强调搞好“冷战后”美国经济的年轻政客比尔·克林顿（W. Clinton）击败，未能连任美国总统。同属民主党的奈旋即被克林顿政府重用，甚至进入了美国国防部担任临时高官。

奈的“软实力”理论很快就被翻译并介绍到中国。笔者当时也是介绍和评论其“软实力”理论的一位。奈后来在评论中国的“软实力”时，曾几次引用笔者的名字。当然，他的引用未必一定是对笔者观点的正确理解。

25 年后的今天，“软实力”概念的影响范围远远超出了政治学和国际关系研究范畴，在各国对外政策及外交、文化、艺术，甚至代表各国“硬实力”的军事、科技等领域，“软实力”概念被滥用。

这25年内,奈又完成和出版了一系列重要著作,坚持、丰富和完善了他的“软实力”理论,并为“美国实力”的维持与发展出谋划策。

与此同时,奈时常评点全球各国的“软实力”。尤其是,他对日本、中国、俄罗斯、欧盟等国家或国家集团的“软实力”进行了跨度很大的比较研究。奈对美国在“软实力”上的超强优势地位高度自信,并不自觉地把美国“软实力”当作衡量全球其他国家“软实力”的标准。

奈在一般意义上定义和建立了“软实力”理论。这是他的杰出学术贡献。但是,奈的这一理论对美国而言是一把“双刃剑”。尽管奈有力反驳了“美国衰落”论,但从另一个层面,奈等于承认了美国实力的结构性缺陷。美欧许多国际关系领域的学者均深知这一点。另外,奈也许没有预料到的是,25年之后,美国的“软实力”也开始衰落了,这无疑具有强烈的讽刺意味。冷战后,美国实际上进入了“后霸权”时代,而非令美国人一度沾沾自喜的“单极世界”时代。美国提供支持现存世界秩序的国际公共产品(international public goods)的意愿和能力下降了,“孤立主义”以各种形式和内容出现。

对于改革现存国际体系及全球性多边制度，与欧洲和新兴大国相反，美国不积极，有时站到改革的对立面。2001年，美国开始进入长达10年的“反恐战争”时期（奥巴马政府将之加以延续）。“反恐战争”制造了“伊斯兰国”（ISIS）等真正破坏当代国际体系的“极端主义”势力。2008年，过度金融化的美国经济爆发金融危机，重创世界经济尤其是欧洲经济。美国对于世界贸易组织（WTO）的兴趣降低，而对分裂世界经济的贸易集团（如针对中国的《跨太平洋伙伴关系协定》）却情有独钟。

世界各国均有“软实力”，只是表现程度和方式不同，大多数国家的“软实力”不是霸权意义上的，只有美国的“软实力”是霸权性的。奈的“软实力”理论启发了许多国家重视和发展“软实力”。中国亦如此。中国引进美国的“软实力”概念是因为深感自己的“软实力”（尤其是在国际层面）不足，意识到发展“软实力”的迫切性、必要性和长期性。这与美国创造这一概念时，美国人认为美国“软实力”强大而优越的情况截然不同。一个要发展自己的“软实力”，从落后中奋起，另一个则对自己的“软实力”自满，以为可以用之不尽、取之不竭,对别国有着巨大的吸引力、感召力。中国在发展和输出“软实力”时,并没有如同美国那样,以霸权作为目标和手段。

在美国及其他国家与地区,奈的“软实力”理论不乏批评者。批评者们从不同角度对这一理论进行了思考。比如,这一概念与“硬实力”组成的“二分”界限较难确定,实际上,“软实力”和“硬实力”难以截然分开。另外,由于其所包含的主观和意识形态成分较大,“软实力” 很难测度。

值此“软实力”概念诞生 25 周年之际,笔者对这一概念及其全球风靡的现状作以下几点评论:

第一,“软实力”概念在展现一国柔性“吸引力”的同时,放大了一国(例如美国)的优势却掩盖了问题,尤其是深层次问题。正因如此,“软实力”概念能够迅速被各国在“公共外交”中加以实践,使原本具有宣传性、缺少公信力的“公共外交”蒙上了一定的虚假和欺骗色彩。

第二,“软实力”理论的全球传播使得这一理论本身变成了美国“软实力”的重要支撑。笔者把这一情况叫作“软实力”的“软实力”。尽管如此,在世界其他地区,人们使用更加科学、学术上更能成立的概念，如“规范性权力”（normative power）、“观念性权力”（ideational power）等指代同样的东西。

第三，在这 25 年中，一些人对美国“软实力”高度自信，似乎美国在这一点上会一直保持优势甚至绝对优势，遥遥领先于世界其他国家。美国“软实力”神话也就诞生了。

客观地看，既然各国都有“软实力”，且共处在一个国际“软实力”体系中，任何一国的“软实力”都不应是全球标准。对全球各国的“软实力”进行比较研究，以突破奈等的“软实力”美国标准，并发展出一套衡量“软实力”的世界标准，显得尤为必要。这也是笔者目前正在进行的一项重要研究。

责任编辑:刘敬文
封面设计:肖　辉　孙文君

图书在版编目(CIP)数据

全球治理的中国角色/庞中英 著. —北京:人民出版社,2016.10
ISBN 978-7-01-016761-9

Ⅰ.①全…　Ⅱ.①庞…　Ⅲ.①国际政治-研究②发展战略-研究-中国　Ⅳ.①D5②D60

中国版本图书馆 CIP 数据核字(2016)第 232627 号

全球治理的中国角色
QUANQIU ZHILI DE ZHONGGUO JUESE

庞中英　著

人民出版社 出版发行
(100706　北京市东城区隆福寺街 99 号)

北京汇林印务有限公司印刷　新华书店经销

2016 年 10 月第 1 版　2016 年 10 月北京第 1 次印刷
开本:710 毫米×1000 毫米 1/16　印张:16.25
字数:122 千字

ISBN 978-7-01-016761-9　定价:36.00 元

邮购地址 100706　北京市东城区隆福寺街 99 号
人民东方图书销售中心　电话 (010)65250042　65289539